U0901931

CARRY OUT THE PLANS

胜在制度，赢在执行

张婷婷　编著

吉林文史出版社
JILINWENSHICHUBANSHE

图书在版编目(CIP)数据

胜在制度，赢在执行 / 张婷婷编著 . -- 长春 : 吉林文史出版社，2018.9(2021.3 重印)

ISBN 978-7-5472-5292-5

Ⅰ. ①胜… Ⅱ. ①张… Ⅲ. ①企业管理 Ⅳ. ① F272

中国版本图书馆 CIP 数据核字(2018)第 176753 号

SHENGZAIZHIDU,YINGZAIZHIXING

书　　名　胜在制度，赢在执行

编　　著　张婷婷

责任编辑　于　涉　张雅婷

封面设计　余　微

出版发行　吉林文史出版社

地　　址　长春市福祉大路出版集团 A 座　邮编：130118

网　　址　www.jlws.com.cn

印　　刷　晟德(天津)印刷有限公司

开　　本　880mm × 1230mm　1/32

印　　张　8

字　　数　180 千

版　　次　2018 年 9 月第 1 版　2021 年 3 月第 4 次印刷

书　　号　ISBN 978-7-5472-5292-5

定　　价　35.00 元

PREFACE 前言

俗话说,“团队打天下,制度定江山”,一个良好企业的运作,应该是制度和人治的完美结合,或者说是制度制约下人治的完美发挥。现代企业要实行制度管理,而不是单纯的以人管人。

有这样一个故事:

一场瘟疫在动物王国里肆虐,动物之王狮子为此召开了紧急会议:“我们的王国正在遭受不幸,这是神对我们的惩罚。我们必须找出那个触怒神的动物。”

于是,狮子指定狐狸担当法官。

作为表率,狮子先说:“我犯过错误,前两天看到一只受伤的斑马,我就把它抓来吃了。”狐狸马上说:“大王这么做,恰恰解脱了斑马的痛苦,所以根本不算触犯戒律。”狼群的代表接着发言:“我们也犯过错误,上个星期,一只麋鹿闯进我们的领地,我们就一起把它抓住吃掉了。”狐狸又说:“保护领地安全是每个动物的职责所在,这没有错。”就这样,肉食动物一个个都被狐狸裁定为无罪。

轮到草食动物了,驴子想了许久也没有找到自己的错误:“我一直安分守己……”狐狸打断他：“你没有偷吃别人地里的青草吗？”驴子老实地说：“没有啊。不过，我前几天看到树上的新芽绿油油的，忍不住吃了几口。”狐狸马上说：“这就对了，你是吃青草的，吃树芽就是抢别人的食物，严重地违背了神的安排。”话音未落，狮子扑上去把驴子杀了，向神祭祀。仪式完毕，驴子成了狮子的美食。

这个故事告诉我们，制度的制定对于执行力会产生重要的作用，一定要合理、合法并得到多数人认可，让制度来管理整个团体，而不是人说了算。

为什么要用制度管理来代替人的管理呢？

这是因为，让制度说话，对于企业管理而言，具有决定性的意义。因为，制度是实现目的的手段，是推进流程管理的基本工具，是规范有效管理的前提。制度的制定与实施，是一双潜流于整个组织运行体系中隐形的手，左右着这个组织的生存与发展，决定着其实力的强弱。在竞争中拥有优势的企业或在某一段时间成功的企业，其管理制度因素的总和一定也具有较强的优势；企业和企业之间如果在某一方面存在差距，一定是与此方面相关的管理制度总体实施效果存在的差距。管理学家们在研究了那些成功和失败的公司后发现，制度严格的公司，比管理松散的公司更有活力，劳动效率也会高出几倍。有时候，公司无须更新设备和增加投资，只需在规章制度上下下功夫，就能收到意想不到的效果。

有了好的制度以后，还要注重制度的执行，一个企业的执行力决定着它的成败。再好的战略和再科学的管理措施都需要有效的执行才能得以实现。若没有执行，一切都是空谈。执行的本质，就是让既定的目标通过卓有成效的落实来一一实现。

很多个人或企业，都在为取得成功而设计着宏伟的蓝图，然而，走到最后，许多人却事与愿违，收获了成功的反面——失败。面对失败，我们常常将责任归咎于自己的制度不够合理，常将责任推诿于企业的策略不够正确，却很少能去思考自己是否认真地将计划与策略执行到位。当今社会竞争日益激烈，企业怎样脱颖而出？一句话，不折不扣地执行。

任何企业只要能狠抓落实，就一定会取得成绩；而落实不到位的企业，制度自然成了一张白纸，决策也就成了“水中月，镜中花”。再来看这样一个例子：

有一家大型企业，因为经营不善而面临破产，后来这家企业被美国的一个大财团收购，企业人员都在翘首以盼美国人能带来什么先进的管理理念，出乎意料的是，他们只派来了几个人。除了财务、管理、技术等重要部门的管理人员换成美国人外，其他的根本没动。制度没有改变，员工没有改变，机器设备没有更换。但美方有一个要求：把先前所制定的方针、策略和制度坚定不移地执行下去。结果不到一年，企业改变了局面，实现了扭亏为盈的目标。

为什么美国人来治理这个企业就能够取得成功呢？原因就是执行，将一切规章制度执行到位。因为执行是一个企业发展的原动力。沃尔玛之所以能成为全球零售业的龙头，海尔之所以能跻身世界500强企业之列，原因都在于他们的员工能不折不扣地执行企业的制度。

总而言之，制度是企业的根基，没有制度，企业的行为就会失去准则；执行是推动企业发展的源泉，没有执行，再好的制度也是一纸空文。所以，企业在制定适合自己制度的同时，一定要重视执行。

本书围绕如何制定、优化制度，如何有效执行这两方面，展开了详细的论述，论述的同时，引入形象、有趣的事例和故事，使文章既不枯燥又浅显易懂。希望读者在快乐阅读的同时有所收获。

CONTENTS

目　录

CARRY OUT THE PLANS

第一章

做好管理制度，打好企业根基

制度是实现目标的强有力保证

所谓制度，简单地说就是纪律或规矩。它能够对相关行为做出规范和约束，以确保工作的顺利展开。任何一个部门倘若缺乏制度，势必会像一盘散沙一样，执行不力。

一、公司管理制度的概念

公司管理制度是指公司对内部或外部资源进行分配调整，对组织架构、组织功能、组织目的的明确和界定。它是对实现管理目标所采取的组织、控制、协调、反馈等活动所依据的规范形式的总和，是管理规范的制度化成果。

公司管理制度是实现公司目标的手段和措施，能使员工的个人活动得以规范化，同时又成为维护员工共同利益的一种强制手段。因此，公司各类管理制度均是公司进行正常经营管理所必需的，是公司实现目标的一种强有力的保证。优秀企业的管理制度必然是科学、完整、实用的管理方式的体现。

二、公司管理制度的类型

1. 从制度职能层面上分

从公司管理制度的职能上来分，公司管理制度大体上可以分为规章制度和责任制度两类。规章制度侧重于工作内容、范围和工作程序、方式，如管理细则、行政管理制度、生产经营管理制度。责任制度侧重于规范责任、职权和利益的界限及其关系。

2. 从管理对象层面上分

每一类管理制度都可以细化为多个方面。如公司人事管理制度就包括员工招聘、员工培训、薪资管理、保险及福利管理、员工休假以及激励和奖惩管理规定等。

对企业管理制度进行科学划分，意义在于能够在制定企业管理制度时更加具有针对性、实践性、目的性、时效性和管理性。

三、公司管理制度在企业管理中的作用

公司要想实现其经营目标，就必须建立一套科学的、合理的管理制度，只有在制度的强有力的保护下，公司管理层方能有效地指挥、组织生产，加强各部门的配合，调动员工的积极性，提高公司经营管理水平，进而提高劳动生产率。具体来说，公司管理制度具有如下五个方面的作用。

第一，可以保障公司规范运作，降低用工风险，减少劳动争议。

第二，可以保障公司的运作有序化，降低企业经营运作成本。

第三，可以防止管理的任意性，使公司的劳动管理行为规范化，从而排除公司任意发号施令，乱施处罚，保障员工的合法权利，能满足员工对公平感的需要。

第四，根据制度规定的权利、义务、责任，可使员工预测到自己的行为和努力的后果，激励员工为企业的目标和使命努力奋斗。

第五，可以为企业节约大量的人力物力，为企业的正常运行提供保障。

总之，公司规章制度不仅是一种形式上的规定，更重要的是它赋予了员工权利和义务，从而产生正能量，这对企业的高效运营及生产有着重大作用。

管理智囊

管理制度是公司进行正常经营管理所必需的，是公司实现目标的一种强有力的保证。优秀企业的管理制度必然是科学、完整、实用的管理方式的体现。

管理制度制定的依据和程序

1. 制定管理制度的依据

制定管理制度的主要依据有以下三个方面。

（1）实际生产力水平。即要把生产经营的具体情况和条件作为制定管理制度最重要的依据。同时还应考虑随着科学技术的发展而带来的生产力的发展。制定的管理制度要切合实际，既要反映生产过程的客观规律，又要反映生产力发展的客观要求。

（2）成功的经验和失败的教训。成功的经验（包括工厂内部的和工厂外部的）用制度加以肯定，让人们照着做；失败的教训（包括工厂内部的和外部的）用制度加以否定，禁止人们重蹈覆辙，保证事故不再重演，使制定的制度成为成功的经验和失败的教训的结晶。

（3）国家的方针、政策、法律、法规。管理制度既要反映生产过程的客观规律，又要适应生产关系的客观要求。因此，制定管理制度，必须以国家的方针、政策、法律、法规为依据，使制定的制度符合党和国家的有关法律法规。

2. 制定管理制度的程序

制定管理制度的过程，是领导同员工相结合反复进行调查研究的过程；是总结本企业的经验、总结历史的经验与学习成功企业的先进经验，探索企业管理的新方法、提高管理水平的过程；同时也是从员工中来，到员工中去，发动员工进行自我教育、参与民主管理，提高企业素质的过程。制定规章制度应该遵循以下基本程序。

（1）调查—分析—起草。

（2）讨论—修改—会签。

（3）审定—试行—修订—全面推行。

也就是说，管理制度的制定，要经过充分调查、认真研究后才能起草。草稿形成以后，要发到有关职能部门的基层单位反复讨论，斟词酌句，缜密修改，并经过有关部门会签和领导审定，然后在小范围内试行检验。对试行中暴露出的问题和破绽，要认真修改。重要的规章制度，还要提交总经理或者董事会通过。只有遵循上述基本程序，制定出的管理制度才能切合实际，才具有权威性和合法性，才能顺利地贯彻执行。

管理智囊

管理制度的制定，要经过充分的调查、认真地研究后才能起草，重要的规章制度，还要提交总经理或者董事会通过。

合理的制度离不开完善和改革

企业是人的组织，而人的复杂多样的价值取向和行为特质，要求企业必须营造出有利于共同理念和精神价值观形成的制度环境，并约束、规范、整合人的行为，使其达到目标的一致性，最终有助于企业共同利益的实现。因为从根本上说，经济学关于人性本懒惰自私的假设，在商品经济社会里从提高管理效率的角度来说，还是放之四海而皆准的。所以，在任何单位、任何部门都需要规章制度，一套好的规章制度甚至要比多用几个管理人员还有效。

对于管理下属而言，哪怕是有缺陷的制度，也比没有制度好得多。中层领导以制度说话永远比依靠个人的发号施令更有力度，执行起来也更有效率。在现代管理中，制度的重要性是不言而喻的。

美国格利森齿轮机床厂有十分严格的安全制度，只要进入车间，不论是去干活还是路过，都必须佩戴安全眼镜，穿硬度皮鞋并把领带掖在衬衫里面，如果不遵守安全制度，就要受到严厉的处罚。

由此可见，制度化管理在现代企业管理中尤为重要。没有规矩不成方圆，这是对管理智慧的经典总结。管理以制度为准绳，这不是一句空话，当中层领导者意识到规矩、制度是立身成事之本的时候，就说明他已经站在了正确执行的起点上。

台塑企业是从家族企业发展起来的，很注意克服家族企业管理不严的毛病。企业管理的制度化一直是台塑努力的方向，正因为有好的制度，企业才得以迅速发展。

台塑的制度化，是设计一套可行的管理制度，让员工按照设定的操作规范和事务流程去做事。同时，主管也能够主动地做考核与追踪。工作量可以计算，工作品质可以衡量，这是台塑制定管理制度的最基本的原则。

为了建立完善的管理制度，1968 年，台塑成立了总管理处，全面规划台塑的管理制度，并负责这些制度的具体制定、推行、检查和改善等工作。

1973年，台塑成立了“总管理处总经理室”，专门负责全面推行管理制度。当年，推行这一套管理制度曾遭受到极大的阻力。为了有效推动管理制度，才有了台塑的“午餐汇报”制度。在王永庆的直接过问下，总经理室的人员不断努力，经过6年时间，1979年，这套制度基本稳定并得到实施，产生了巨大的成效。

此后，台塑在每一套管理制度推行之后，总是不断地检讨，从中发现不合理之处，再针对这些不合理之处找出切实可行的改善措施。20世纪80年代初，台塑开始全面实行管理自动化。这时，台塑原有的管理制度刚刚稳定下来，为适应计算机管理的需要，台塑又开始对制度进行调整。

台塑的管理制度，经过连续不断的修改，已被公认为是最完善的制度之一。

因此，作为一个中层领导，必须时刻注意本部门的规则，发现不切实际或不合情理的要及时纠正、不断改革，这一点很重要。可以这样说，一个好的规章制度，必然不断发展不断改革。

李正方在一家民营企业工作，这个企业的管理制度可谓十分严格。单位规定早上8:00上班，迟到15分钟以内，扣全天工资，迟到15分钟以后，一个月奖金全部扣发。虽然单位出现迟到的现象很少，但是员工从内心里很反对这种制度，容易产生逆反心理，责怪企业太不人性化。有一次下着大雨，公交车一路堵车，最后他在8：07才赶到单位，值班保安立刻叫住他登记科室姓名，一天辛辛苦苦就这样白干了。后来有人告诉他，迟到15分钟后，干脆就不要来了，赶快打个电话，撒个谎，说有急事请假，这样一天的工资是没了，但是全月奖金保住了。

这样的管理制度，看似十分严格，实际上有很大的漏洞，导致员工想出许多办法来对付。长此以往，会有越来越多的人产生规避心理，实在不行就抬腿走人，那么企业制度就成了人才流失的一个重要原因。

而有一些企业规定，8∶00上班，如果8∶15以前到单位，且一个月在规定的次数以内则不算迟到，超出规定次数，才开始惩罚，这得到了员工的认同，而且执行起来也十分有力。

制度本身的目的是更好地规范管理，建立健康有效的管理机制，一旦成了不合理的束缚，就会导致员工敷衍了事。

有这样一家国有企业，企业制度制定得非常不合理。比如，当承包一项工程项目时，项目经理对成本控制得无论是好还是坏都无所谓。因为赢利了上缴，对项目经理除了名誉上的奖励以外，物质上没有任何奖励，一旦工程亏损，也没有任何惩罚措施。结果很明显，大部分工程处于绝对亏损状态，只有少数工程刚刚持平。当企业的规定流于形式时，好的、合理的制度受到牵连，最终使得企业中许多良好的制度没有执行，结果人人都在混事，有能力的一个个都离开企业另谋发展，企业的经营状况一天不如一天。如果领导还看不到问题的严重性，并采取相应的措施，那么，这家企业破产是迟早的事情。

制度不合理对一个企业的影响是重大的，导致执行力不够，直接影响到企业的成功与发展，因此，企业首先改革的应当是不合理的制度。

管理智囊

作为一个中层领导，必须时刻注意本部门的规则，发现不切实际或不合情理的要及时纠正、不断改革。

制度是死的，人是活的

制定一套适合自己的管理制度应注意：

（1）创业期的制度定得太死，过于教条，从而使气氛沉闷，员工的冲劲与干劲都不足，影响企业员工的工作效率。

（2）违背常理。制度过于严苛，大都难以做到，惩罚措施过于严厉，员工动不动被罚，导致抗拒心理。

（3）企业在管理中一味强调制度就是“圣旨”，不会变通，即便员工犯了不违反原则的小错也不给予其纠正错误的机会。要知道制度是死的，人却是活的。

（4）员工没有归属感，与企业距离越拉越大、越来越远，员工与企业之间只存在利益关系。实在无法忍受企业管理制度的员工容易跳槽，导致企业人才流失。

（5）草率从事。为了应付上级草草订出一份管理规章，根本不向干部职工宣布，当然更谈不上执行。我们不需要把员工手册写成文学著作，但是，起码要表述得清楚准确、言简意赅。使用平实的语言描述，避免使用过于正式、打官腔的措辞。你也可以考虑聘请一位专业作家为你的最终草稿进行润色加工。另外，手册制作得漂亮点还是有必要的。

（6）与法律相抵触。有的规章制度条文与现行政策、法令和政府的规定相抵触，就是无效制度。所有公司在制度中记录的内容都有可能变成法律上的文件，并可能为某些人所利用，控告你不正当解雇。过去发生过多起这样的案例，在法庭上，被解雇的员工或证明他们是根据企业公布的制度中的相关规定进行起诉的，或证明企业的确没有按照其相关规定执行，最终他们会获得一定的赔偿。

（7）自相矛盾。上下条文互不衔接、自相矛盾，让人无所适从。

（8）咬文嚼字。文字冗长，语言生硬，含混不清，令人无法领会。如《安全守则》中有这样一条："在禁区内不得燃烧可燃物或促使致燃之器具"，其实，只需"禁区内严禁烟火"七个字就可概括其意。

（9）不切实际。过于细密，实际执行中难以做到，或执行起来反而降低效率，而条文过宽，又起不到约束作用。

（10）不执行。对违规者不按规定处理，姑息纵容；或在执行中因人而异，亲疏有别。

一个公司由小到大，其管理方式也在不断完善。刚起步时人员少，管理层面也少，基本上是让员工"跟我走"，领导直接管理员工。而公司慢慢做大了，管理也要分出层面了，制度管理就十分重要了，而要制定出好的管理制度，一定要注意，不能触犯其中的禁忌，因为一个不合理的制度，即使实行下去，最终也会以失败收场。

管理智囊

制定制度的禁忌之一就是不要太过于教条而不知道变通，即便员工犯了不违反原则的小错也不给予其纠正错误的机会。要知道制度是死的，人却是活的。

在人文关怀的基础上建立奖罚制度

2011 年 9 月的一天下午，在武汉某商业大厦的商场内，离闭店只剩下 5 分钟了，总经理刘某从一楼商场走至六楼商场，见到有的营业员在结账，还有的在收拾东西准备下班回家，他皱眉了。第二天一上班，6 个商场经理的办公桌上，都放着一张由总经理签发的罚款通知单，6 个商场的经理每人罚款 3000 元，营业员每人罚款 1500 元。对此，经理们和营业员们很不服气，因为这些罚款相当于他们近 20 天的工资。

在现代化大型商场的管理中，没有严明的规章制度不行。在有些地方，迟到早退被视为小事，可刘某却是重打重罚，迟到一次罚款 1000 元，迟到两次扣发全月工资和奖金，三次则开除店籍。

在大厦开业伊始，刘某就打出了“谁砸大厦的牌子，大厦就砸谁的饭碗”的口号。话是这么说的，他也是这么做的。

有一名营业员因与顾客争吵，一封告状信被送到了总经理的办公桌上。这还得了，总经理找来商场经理，指示马上带营业员去给顾客赔礼道歉，而且这还不算完，为了严肃纪律，又给那个营业员一个留店察看一年的处分，扣除 3 个月工资。

大厦开张不到一年，原来总共 300 人的商场，刘某一共开除了 68 名违章违纪的员工，这按刘某的说法就是绝不能让一块“烂鱼”搅一锅腥。

由于采取了这些严厉的措施，大厦虽然没有人敢“干坏事”，但是人人谨小慎微，生活在诚惶诚恐之中，商店不仅没有获得顾客的好评，而且业绩年年下滑。

这样下去也不行啊。公司召开董事会，决定重新聘请总经理。经过层层筛选，他们选中了曾在某大型国际商业连锁机构工作过的赵某。

赵经理上任后，保留了公司原有制度中的积极部分，比如“谁砸大厦的牌子，大厦就砸谁的饭碗”这个口号还是要提，向顾客道歉制度、作息制度、薪酬制度基本没变。但是，对于处罚和奖励制度进行了较大幅度的改动。

整体的原则是该罚的罚，该奖的奖，但是要切合实际，既达到教育人的目的，又不会引起员工的强烈反感。你把他一个月工资罚完了，他一家老小怎么过？这不符合基本的人性关怀。

有时候，员工犯了错误，不仅不罚，而且还要鼓励。因为员工犯错误，说明他在做事，比那些不做事也不犯错误混饭吃的强得多。特别是有些错误不是员工自身的原因造成的，员工努力了，虽然没有做成，但公司还是要奖励。

在赵经理看来，员工经常犯错误，除一部分原因是员工个人的素质问题外，绝大部分原因是公司制度制定得不合理。

因此，在商场的整体运作流程上，管理层制定了详细的制度。从制度层面，把商场的整个流程理顺了。

这样一来，商场的面貌焕然一新，员工的笑脸多了，客户多了，商场的经营走向了发展的快车道。

当大家都不愿意去做的事情一个人去做了，我们应该表扬、奖励；大家都能做到的事个别人做不好，我们就要进行处罚。要向职工昭示公司提倡什么，反对什么。通过制度中的奖励和处罚规定，可以体现公司的价值观。但是，处罚要适度。公司在惩罚时应注意以下几点。

（1）惩罚要合乎情理，并且要把道理讲清楚。

（2）要抓住典型进行惩罚，不能滥罚无辜。

（3）惩罚要做到公平，罚不避亲，这样才能服众。

（4）要有奖有罚，多用积极的奖励方法调动员工的积极性。

管理者要明白，严格的制度是公司正常运行、少出差错的重要保证，但是重打重罚并不是好办法。有的公司认为重打重罚既可以保证令行禁止，少出差错，又可以减少工资开支，是一条一石二鸟的妙计，但是处罚要适度，否则只会造成怨声载道、人心离失的局面。

管理智囊

通过制度中的奖励和处罚规定，可以体现公司的价值观，但是奖罚要适度，要切合实际，既达到教育人的目的，又不会引起员工的强烈反感。

公平设置，高效执行

是不是企业只要有了制度就能令所有的问题得到满意解决呢？是不是有了制度就能遏制人类“趋利”的本质呢？回答是否定的。

从历史的角度观察，制度是人制定的，往往是谁在制定制度的过程中掌握了主导权，谁就有可能在制定制度的过程中为自己或自己的利益集团谋“利”，制度也就变成了某些人的获利工具。尽管如此，我们也不能否认，制度无论怎样制定、由谁制定，它都是企业所必需的，不然，企业内部的秩序就无从保障。因此，如何才能让制度充分发挥其功效就成了最大的问题。而这一问题解决的关键在于，必须为制度的设置确定最基本的原则——公平原则与效率原则。

公平是众多企业孜孜追求的目标，然而公平却又是一个完全无法确定的东西，不同的时期，不同的阶段，公平被赋予的意义是不一样的。但如果在“合理设置制度”这一语境里，公平似乎又是确定的，即制度的设置须为大多数人“谋利”才是合理的。那么，如何才能做到这一点呢？

首先，制度的设置必须符合企业大多数成员的意愿，这是制度公平的基础。正所谓“顺应民心者得天下”，只有制度的设置成为大家的需要，符合企业大多数员工的意愿，它的存在才有普遍而牢靠的基础——至少在精神层面上如此。

其次，制度的设置应该是一个公开、透明的过程，这是制度公平的关键。既然企业成员有了设置制度的意愿，那么，就应该让企业成员参与其中，对设置制度的过程进行监督，让企业成员有表达意愿的机会和渠道，让所有的过程在“阳光”下进行，正所谓“公道自在人心”，公平就不言而喻了。

最后，制度的设置应该是建立在为大多数人谋利并可执行的基础上，这是制度公平的核心。设置出的制度，不应该被束之高阁让人顶礼膜拜，而应该是为民众所执行，为民众谋福利。

然而，公平也存在着先天的不足：妥协性和平均性。任何的公平都是方方面面相互妥协的结果，最终这会使企业成员坐享其成而无视公平的真正含义，让他们产生平均主义的惰性。因此，合理公平的制度又必须兼顾效率。

如何才能在公平的基础上兼顾效率呢？

（1）制度要明确其运行的规则和程序。一旦制度运行的规则和程序确定了，那么，运行时就可以按部就班，从而避免混乱和无序带来的效率低下的后果。

（2）制度的执行者要明确自己的职责。制度最终是要被执行的，执行者就成了制度是否具有效率的关键。为此，要让执行者清楚自己的职责所在，只有责任在肩，执行者才会高效地去完成其执行的任务。

（3）制度要有的放矢，清晰明了。企业制度是通过解决组织中的问题来维系秩序的，有明确的目的性和针对性。因此，制度一定要有的放矢，清晰明了地规划出解决这些问题的措施。

（4）制度要让所有员工明白和理解。制度是个互动的平台，通过这个平台，制度的执行者和被执行者之间产生互动，为了保持这种互动的通畅与效率，除了执行者要明确自己的职责外，被执行者也应该对制度熟知并理解，这样才能保证制度的效率不打折扣。

我们生活在社会组织形式中的个人都是有趋利性的。正如西方哲学家洛克所说的那样："人的本性是趋利避害的。"然而在企业中，如果任由这种趋势发展，那么企业就会变得一团糟，企业内部的秩序也将无从谈起。因此，为了规范人们由于"趋利"而产生的一些不符合组织利益或他人利益的行为，制度应运而生，它的第一功能就是规范人们的行为，使人们生活在一定的秩序中。也可以说，制度是人类社会的必需品，是良好秩序的保障，要使制度被很好地贯彻下去，其中之一就是要坚持公平原则，同时也要保证制度执行的效率。

管理智囊

制度的设置应该是建立在为大多数人谋利并可执行的基础上，这是制度公平的核心；此外，执行者要明确自己的职责，被执行者也应该对制度熟知并理解，这样才能保证制度的效率不打折扣。

合理的制度是保障执行的前提

制度作为一种公共契约，寻求的是个人利益的“公倍数”。让制度内化成一种行为规则，制度才谈得上生效。正如美国法学家伯尔曼所说：“法律必须被信仰，否则将形同虚设。”同样，只有制度意识深入人心，制度这种契约才真正有成立的可能。

管理者应带头执行制度，在执行制度上率先垂范，行动先于下属，标准高于下属，要求严于下属，模范带动和促进制度的有效落实在管理过程中才能获得良好的执行力。

所谓制度，简单地说就是纪律或规矩。它能够对相关行为做出规范和约束，以确保工作的顺利展开。

一些企业缺乏执行力，根源在于制度本身不合理，缺少针对性和可行性，或者过于烦琐不利于执行，最终的结果是决策得不到有效的执行；制度在制定出来后朝令夕改，表现出太多的随意性和不确定性，就会让员工执行时感到无所适从。

制度不合理可能是制定制度的程序存在问题。一项制度的出台会牵涉许多部门的利益，在制定的过程中各部门应该共同参与、积极协商，但是在实际制定过程中总会出现不合理的现象。

比如，管理者想制定某方面的制度，一声令下身边人员就忙着起草，制定完了就强行执行，既没有征求各个部门的意见，也没有让全体员工参与制定，更没有开展民主性的讨论；或者虽然有不同部门的参与协商，但始终达不成一致意见，最后不再对制度进行调整修改就匆忙出台；有的强势部门出于一己私利，压制其他部门的意见表达，还有的部门意识不到民主参与的重要意义，只是出席，但不表明自己的态度和看法，即便对某项制度不满，在大多数人都赞同的情况下也随声附和。这样，制度在执行时，必定会有人发牢骚，有的即便口头上不说，但是也会做出违背制度的行为。

制度不合理还与制定者的素质有关。将想法落实到文字上形成固定的制度，这一过程虽然看起来简单，但是如果制度的起草人不懂得流程，不懂得公司各派系间的微妙关系，文字功底较差，起草时不懂得遣词造句，制定出来的制度就难免出现偏颇，影响到制度的执行。再者，制定出来的制度执行起来难度过大。制度制定的目的表述得很清楚，原则要求的东西多，但是在讲到一些关键部分时，比如，执行的关键流程环节或比较敏感的地方就表述得模糊不清了，就以“根据相关规定”“实行相应惩罚”等模糊化的语言一笔带过，执行起来没有确切的标准，制度根本解决不了问题。或者是因为离现实距离太远，发下去之后有的简单传达一下，有的根本不传达，然后就被扔在文件夹里，这样，制度就成了一纸空文。

企业制度的不合理性还表现在制度只满足了领导层单方面的心理，而忽视了执行者的心理感受，如果强迫执行，就会招致人们的反感，收不到很好的效果。譬如，一些只注重理论的理想派管理者，不管在什么场合、什么背景，都一味强调“要怎样，不要怎样”的单方面主张，恐吓下属触犯了规定就会严加惩罚，这样忽视了员工心理感受的制度，在执行时怎能会收到较好的效果呢？

从制度的执行环节来看也存在着不合理的现象，制度虽然摆在那里，但是执行时并不是按照有关规定，而是按照一些潜规则。譬如制度中明确规定了上下级之间的职责界限，但是上级就是喜欢干涉下级的具体工作，认为自己是上级，不管什么事下级都必须听自己的。这样下级的自由受到很大的约束，不能在自己的权限范围内办事，但是下级知道，如果自己按制度办事，不同意上级干预自己的工作，上级必然会心怀不满，没准还会故意难为自己，或者向高层领导进谗言，所以他们对于上级“越界”只能是睁一只眼闭一只眼，多一事不如少一事。时间长了形成惯例，大家办事都不依制度而依“惯例”，企业的制度厚厚的一大本被搁置一边或者薄薄的几页纸被钉在墙上，人们却视而不见，时间长了还会进入休眠期，因为没有相应的废除文件，最终处于执行期的文件就陷入了没有被真正执行。

制度是否能真正执行，还受到企业内部政治因素的影响。当下属提出制定某方面的制度时，企业管理者尽管内心知道这是对企业发展非常有利的制度，但出于自身利益的考虑，不会爽快地答应，就一而再、再而三地往后拖，最后由于各种压力不得不签字“试行”。“试行”说明企业管理者对这项制度是否会威胁到自身的利益没有把握，试行了一段时间，发现“行不通”就不再严格执行了。当然这里的“行不通”并不一定是指制度不符合公司的实际，而是指有损管理者自身的利益。

制度不能被执行还有可能是因为保证制度执行的机制没有建立起来，单位主要领导不能率先垂范。作为公司一把手，尽管制度都是他亲自签发的，但更多的时候他自己根本记不清制度都包括哪些内容。当下属对企业制度也不怎么了解，遇到事情不知该怎么办时，就找公司的一把手，公司一把手在不熟悉制度的情况下，就按照自己的意思给批了。这样，员工以后遇到什么事情就直接找领导签字，也不再去关心制度的详细规定了。

还有一些领导总觉得制度碍手碍脚，影响自己权力的行使，甚至有的还把制度看作影响自己谋取私利的“绊脚石”，想去除还来不及呢，更不要说去主动执行了。所以，管理者在解决执行这一难题时，千万不要本末倒置，忽视了影响到执行力结果的企业制度建设，这虽然是一个长期的过程，但是科学合理的企业制度对企业的整体执行力的意义是非常大的。

制度保证执行力，合理的制度是执行的保障和前提。任何一个部门倘若缺乏制度，势必会像一盘散沙，执行不力。

管理智囊

管理者应带头执行制度，在执行制度上率先垂范，行动先于下属，标准高于下属，要求严于下属。

坏制度不如无制度

恩威公司是成都市的一家民营公司，业务是中草药的加工和生产。

恩威公司最初生产“洁尔阴”洗液时，公司管理极为松懈，制度混乱。产品没有严格的质量检验制度，品质难以保证，防伪措施也几乎没有，特别容易被假冒。

1991 年 6 月，无锡药材公司首先发现了 100 多箱假冒“洁尔阴”洗液，接着镇江、扬州、云南、四川、湖南等地相继出现了假冒产品。同年 12 月，事情恶化到了极点，首都一家报纸在没有经过核实的情况下报道了无锡市封存“洁尔阴”的消息，随即 10 余家全国性报刊争相报道此事。一时间，这件事在社会上闹得沸沸扬扬。公司总裁薛永新为了处理此事可谓是殚精竭虑，寝食不安。

因为没有好的制度，恩威公司已经到了生死存亡的边缘。

当恩威公司总裁薛永新意识到公司内部管理制度有重大疏漏时，他决定对内严格整顿，确保产品质量。

第二天，恩威公司展开了全面治理整顿工作。各部门、各科室的管理人员，重新制定了严格的责任制度和管理制度。各车间重新制定了设备、器械消毒制度和工艺卫生制度。广大员工也纷纷自觉参加岗位培训和专业技术培训，努力学习药品生产质量管理知识。班组长和车间干部则参加管理骨干培训班，学习企业管理知识和药品生产的有关条例，同时，公司大力引进防伪技术，拨出巨资和人力进行打假。

全面整顿一个月后，公司面貌和生产环境大为改观。管理制度过硬，产品质量明显上升。

整改后生产的146批产品，经成都市药检抽查，全部符合国家质量管理标准，并且由于防伪技术过硬，市场上很难进行假冒了。不久，“洁尔阴”迅速成为一个家喻户晓的保健品牌，产品畅销全国。

我们有一些公司，老板创业不容易，靠多年的打拼终于有了一定的资源和规模。这时候老板想正规化运营，于是请了所谓的“管理高手”，制定了一些不靠谱的制度，有的把大公司的管理制度用在小公司上，有的把现代企业的管理制度套用到家族气氛很浓厚的公司上，有的把国有企业的制度套用到民营企业上。结果公司越管越乱，员工们严重水土不服。最重要的是有的老板很心急，希望立竿见影，不出问题才怪。本来正处在上升势头的公司，生产和销售都出现了混乱，员工们怨声载道。

这样的制度有还不如没有。

那么，什么才是好制度？好的制度一定是个性化的，一定是适应公司发展阶段，与主要经营者的思想相吻合的。好的制度会让公司更有秩序，员工们该干什么，不该干什么，哪些事能做，哪些事不能做，心里都是很清楚的。而这些基本上都已经形成了公司的文化，新来的员工不用教育，只要看看别人是怎么做的，就知道自己该怎么做了。

如果制度做不好，就会有人来钻制度的空子，这些人不受整治，好人就会吃亏，在这种环境下待久了，好人也许就会变成坏人。所以管理制度是什么？假设每个人都是坏人，注意，这里只是假设。经济学对人的假设是：人是自私的，既然人是自私的，所有的管理就假设员工是坏人。如果你的管理制度可以让所有坏人在你的体系中不能做坏事，而且你的体系设计特别科学，科学到了让坏人在你的体系里只有干好，才能有最大收益的时候，你的管理体系就具有将坏人变成好人的伟大功能，这种管理制度产生后，一定会造就伟大的公司。

制度不好还不如没有。没有制度还有良心、职业道德的约束。如果建立了不好的制度，本来还能运行的公司，可能会出现问题，甚至被管乱、管死。

管理智囊

好的制度一定是个性化的，一定是适应公司发展阶段，与主要经营者的思想相吻合的。

CARRY OUT THE PLANS

第二章

合理制定制度，为制度落地提供保障

监管结合，为制度保驾护航

一个完整的制度体系，监督制度是必不可少的一部分。企业高层、管理人员在构建企业制度体系时，要建立相应的监督制度，监管结合，以便督促制度得以更好地执行。如绩效考核这种制度，是很多公司进行绩效管理通常采用的。然而由于使用上的疏漏，或忽视指导与监督，容易出现只重视结果考核，而轻视考核过程的情况，从而使得考核失去公正公平性。

对制度的执行进行监督，主要是指监督小组通过重点检查或抽查的方式，对企业各部门、各项目组的执行情况进行检查。那么领导怎样建立一套与制度相适应的监督体系呢？下面有两点建议可供参考。

（1）成立一个监督小组

企业成立专门的监督小组，是提升执行力的重要手段。公司成立监督领导小组，全面负责制度执行情况。通常来讲，监督领导小组由总经理或经理办公会成员组成，其他监督成员由人力资源部负责人负责。

监督小组对企业关系重大，在选择组员的时候，一定要经过深思熟虑和详细考察，只有那些办事公正、有责任心的人，才能坚定地落实监督，发挥监督作用，该批评就批评，该责罚就责罚，而且能做到公正处理。由于责任心强烈，他们在做事的时候才会细心，从而为企业建立非常有效的监督体系。

（2）明确监督内容

检查小组要明确自身的职责，知道从哪些方面下手，监督和检查的内容包括 6 个方面，具体如下。

①指导和监督各中心、各项目按绩效考核规定进行考核。

②按照有关规定，做好日常纪律检查工作，对公司各中心、各项目指挥部软环境工作进行不定期检查。

③检查各部门、各项目制度的合理性、真实性，是否有隐瞒等情况。

④对监督的事件进行详细记录并确认，为最终的确认提供事实依据。

⑤总结监督结果，为制度改进提出新的改进意见和方案。

⑥查清事实、明确责任，对不合格者，按照相关规定给予扣减分数和降低考核等级的处罚。

对制度的执行依法进行监督是其发挥作用的重要保证。因此，老板不但要重视制度建设，依制度行事，还要树立监督意识，解决制度在落实、执行过程中存在的漏洞和各种问题。同时，要努力提高监督人员的素质，激发监督人员的工作热情，增强工作落实的积极性和主动性，千方百计提高工作效率和工作质量。

制度的执行还需要第三方的监管和监督，如果没有这个环节，执行的结果就无从保证。为了监督和督促制度的执行，保证其公正、公平性，企业必须制定相关的监督制度，成立专门的机构和小组，全面负责绩效考核的监督和管理行为。

管理智囊

重视制度建设，依制度行事，还要树立监督意识，解决制度在落实、执行过程中存在的漏洞和各种问题。

将制度管理建立在公平原则上

从管理的角度说，公正、公平的实现依赖于制度。制度是管理的保证，从某种意义来说，制度就是组织资源分配的一种总体的安排，管理公正的实现必须以组织的制度作为基础。然而，并不是所有的制度都有利于管理公正的实现，其功效和作用取决于制度的基础。换言之，制度作为手段，也有“善”有“恶”，正如雨果说：“世界上先有了法律，然后有坏人。”制度是被人执行的，也是被人破坏的。只有“善”的制度在管理公正的实现中才会发挥功效。“善”的制度是那种有助于组织整体利益的增进和个体利益的普遍获得、能在各种利益的分配上以公正、公平为原则的制度。

作为领导者，我们是各级管理的主体，是保证制度管理得以公正、公平的执行者，从某种意义上甚至可以说，管理者公正的实现过程就是管理公正的实现过程。

我们先来看下面这样一个管理故事：

杰西卡是某外企人力资源部经理。最近，出现了一个令她烦恼的问题：公司来了一批新人，这些新人都是经杰西卡之手挑选的，可以说，这是一批精英，按常理，他们应该感谢杰西卡和公司给他们这样一个机会。但事实上，令杰西卡不解的是，他们好像和面试时的状态完全不一致，一个个都好像霜打的茄子似的，无精打采，也没有工作热情。

后来，杰西卡在茶水间听到了新人们的对话："哎，我们努力也没用，玛丽已经被内定为未来主管了。""就是，太不公平了，凭什么？难道就因为她是杰西卡的表妹……"听到这段对话，杰西卡终于明白是怎么回事了。

的确，任何一个员工，如果被一个不公平的制度约束着，都不可能对自己的未来充满信心，也不可能产生高涨的工作热情。因此，任何一个领导者，在制度管理上，都要遵循公平原则。

人最怕没有未来，未来是一种激励，也是一种安慰。任何一个领导者，要让员工对未来有信心，就必须实现制度上的管理公正。赏罚、绩效若都能依制度而行，那么，员工的所有行为也都实现了公平考核，他们在工作时才能找到动力，做出成绩之后才会有成就感。

而要做到制度公正，领导者应该注意制定管理制度的依据和过程。具体来说，领导者需要保证以下三个方面的公正。

1. 制定管理制度的依据必须是公正的

一个组织制定管理制度的依据包括理念依据和实践依据。其理念依据一是管理公正的各项原则，包括平等、人本原则，整体利益原则以及人性化、机会均等、调剂的原则等；二是管理组织所处的法律制度环境。其实践依据是组织管理的各项活动环节的基本要求，包括具体的计划决策、组织、人事、指挥、协调、控制等各个方面。

2. 管理制度的制定过程也必须是公正的

管理制度的制定，首先要求主体的合法性。具体地说，根据组织的权责分配，管理制度的制定一定是具有"立法权"的机构在一定的职责范围内进行的。其次是管理制度制定过程的民主化。最后是建立起管理制度制定的科学程序，把民主参与用程序和制度的方式确定下来，以组织的强制力来保证实施，以效率来促进公正。

3. 管理制度的内容更必须是公正的

从组织管理活动来看，管理制度包括组织的决策、组织制度、人事制度、分配制度、领导制度、监控制度等多个方面，每个方面对公正的具体要求都各有侧重。决策制度的公正主要是要求民主决策；在组织分工的过程中要求分工均衡、权责对等；在人事方面则要求用人公正、公平竞争、机会均等；在经济利益的分配上，要求按照贡献进行分配；在领导制度上要求采用民主管理，注重公平与效率；在控制制度上要求标准统一、一视同仁、奖惩分明。

随着后工业社会和以此为依托的人性化管理时代的到来，实现管理公正已成为现代管理实践的一个重要目标。管理公正不仅表现为管理结果的公正，同时也表现为管理制度、管理行为公正。因此，保证管理公正的实现不仅要考虑我们所要求的公正的内容，即管理中的组织资源应如何进行公平合理的分配，还要考虑其实施的保障和前提。这就是制度管理中的公平原则。

管理智囊

领导者是各级管理的主体，是保证制度管理得以公正、公平的执行者，从某种意义上甚至可以说，管理者公正的实现过程就是管理公正的实现过程。

情感管理和制度管理双管齐下

所谓制度的情感精神，是指制度的软度，是说任何制度的建立、执行都需要融入情感。

作为美国国际农机公司创始人，世界第一部收割机的发明者梅考克，他掌握着公司的所有大权，有权左右员工的命运。但是他从来都没将员工当作雇佣工人，而是亲密的合作伙伴。即便是执行起惩罚性决定时，他也尽可能地为员工着想。

有一个老员工违反了工作制度，酗酒闹事，迟到早退。按照公司管理制度的有关条款，公司人事部门对他下发了解雇书。这名老员工收到解雇书后，火冒三丈，立即找到梅考克，质问他："当年公司债务累累时，我与您共患难。3个月没有工资我不曾有任何怨言，如今就因为这点错误，你竟然把我开除，是不是有点过分?!"

梅考克平静地听完，说："你应该知道这里是公司，是一个组织，有着严格的管理制度，我们每个人都应该遵守制度，而不是凌驾于制度之上，我们应该成为遵守制度的榜样，而不是践踏制度的带头人，这不是你我两个人的私事，我只能按规定办事，不能有一点例外。"这名老员工听完他的话，愤然离开。

当天下班后，梅考克独自一人到这名老员工的家中。经过了解，他震惊地发现，这个老员工的妻子刚刚去世不久，留下了两个孩子，一个跌断了一条腿，一个因吃不到妈妈的奶水而啼号。老员工是在极度的痛苦中，借酒消愁，结果误了上班。看到这种情况，梅考克立即从包里掏出了一沓钞票塞到老员工手里。第二天安排这个老员工到他的一家牧场当了管家。

情感管理旨在从人之常情出发，关心员工生活，努力为其营造宽松和谐的工作环境，增强组织的亲和力。情感管理能有效弥补制度管理的不足，变消极为积极，化被动为主动。情感管理与制度管理，前者为柔，重在“布恩”，后者为刚，重在“立威”。刚柔相济，恩威并举，才能使员工心悦诚服。

情感管理，尊重是第一步。在摩托罗拉公司的企业文化中，始终把“肯定个人尊严”的人才理念作为指导企业发展的最高准则，强调企业要发展，首先必须尊重人性，把员工当作朋友一样来对待。让员工深切地感受到在公司内似乎没有级别之分，彼此之间都是朋友。

摩托罗拉公司的创始人高尔文有一句名言：对每个人都要保持不变的尊重。公司总裁每周都会给员工发一封信，把自己这一周的工作情况告诉员工，包括会见的客户、所做的事情，甚至他这周带孩子去钓鱼这样的事也会在信中与员工交谈。总裁不是以高高在上的口气与员工对话，而是以一个普通朋友的身份，把自身的经历、经验写给员工，信中还经常提出希望员工们要关心自己的家庭，等等。

摩托罗拉把人的尊严定义为：实质性的工作、了解成功的条件、有充分的培训并能胜任工作、在公司有明确的个人前途、及时中肯的反馈、无偏见的工作环境。为了推动“肯定个人尊严”的活动，每个季度，员工的直接主管都会与员工进行单独面谈，交流思想与感受。

惠普前总裁助理高建华在《笑着离开惠普》一书中这样写道：“惠普的各级管理人员都会把尊重员工、信任员工作为头等大事，在言谈举止中体现出对员工的尊重和信任，至少在我任职期间，从来没有见到过管理人员骂员工，即使是批评也是在友好的状态下进行。”

通用公司倡导“员工第一”，不但强调尊重员工，而且表现在企业发展中的作用优先性。通用电器公司竭力将企业培养为一种家庭式“高感情”管理方式。从公司的管理层都实行“门户开放”政策，欢迎员工随时进入他们的办公室反映情况，对于职工的来信、来访也负责地妥善处理，公司的最高首脑与全体员工每年至少举办一次开放式的“自由讨论”。通用公司从上到下直呼其名，无尊卑之分，互相尊重，彼此依赖，人与人之间的关系融洽、亲切。

有一次，通用公司发工资，机械工程师伯涅特却发现自己的薪水少了30美元，这是他某次加班应得的加班费。为此，他找到部门主管，而主管却表示无能为力。于是他决定给总裁斯通写信：“我们总是碰到令人头痛的报酬问题。这已使一大批优秀人才感到失望了。”斯通收到信后，立即要求最高管理部门妥善处理此事。

两天之后，公司首先补发了伯涅特的工资，接着又公开向伯涅特道歉；然后又在这件事情的带动下，了解那些“优秀人才”待遇较低的问题，调整了工资制度，提高了机械工程师的加班费。这一事件经《华尔街日报》披露后，在美国企业界引起了不小轰动。这件事情虽然不大，却能反映出通用电气公司“员工第一”的管理思想。

领导者要注意管理弹性，既要坚持制度，又要不伤害下属感情，这样既可以约束下属，又不至于因为处罚而伤了下属的心。管理必须做到情感管理与制度管理“双管齐下”。

管理智囊

情感管理与制度管理，前者为柔，重在“布恩”，后者为刚，重在“立威”。刚柔相济，恩威并举，才能使员工心悦诚服。

加强制度宣传，促进有效执行

在实际工作中，很多领导者只管埋头制定制度，制度下发之后就不闻不问了，不学习、不贯彻、不领会，这就失去了执行制度的基础。

制度制定出来，并不是发布完之后就万事大吉了。执行者对制度内容的理解和认同程度是关系到制度执行与否、执行好坏的关键。所以，一定要加强对制度的宣传与教育，这既是学习的过程，又是领会与理解的过程。通过宣传教育工作，使员工充分认识企业制度化管理的重要性，强化全体员工的制度观念和制度管理意识，改善企业推行制度化管理的环境，使广大干部、员工从被动执行变成主动自觉执行，达到从内心深处树立起规则的权威的目的，使企业逐步走向制度化管理。

春秋时期，楚国令尹孙叔敖在苟陂县一带修建了一条南北水渠。这条水渠又宽又长，足以灌溉沿渠的万顷农田，可是一到天旱的时候，沿堤的农民就在渠水退去的堤岸边种植庄稼，有的甚至还把农作物种到了堤中央。等到雨水一多，渠水上进，这些农民为了保住庄稼和渠田，便偷偷地在堤坝上挖开口子放水。这样的情况越来越严重，一条辛苦挖成的水渠，被弄得遍体鳞伤，面目全非，因决口而经常发生水灾，变水利为水害了。

面对这种情形，历代苟陂县的行政官员都无可奈何。每当渠水暴涨成灾时，便调动军队去修筑堤坝，堵塞涵洞。后来宋代李若谷出任知县时，也碰到了决堤修堤这个头疼的问题，他便贴出告示说："今后凡是水渠决口，不再调动军队修堤，只抽调沿渠的百姓，让他们自己把决口的堤坝修好。"告示贴出以后，再也没有人偷偷地去决堤放水了。

故事虽小，但背后的寓意却值得我们深思。如果在推行一项制度之前领导者就把这当中的利害关系对执行者讲清楚，他们也许就不会为了自己的私利而做出损害企业利益的事情了。

企业的各种制度应该通过适当的、正式的和顺畅的信息渠道发布。在发布制度时，制度制定者应提出这样的问题：我们所说的，他们能够听见吗？能够听全面吗？能够"原汁原味"地理解，并将其记住吗？对于架构复杂、层级众多的大型企业集团，信息链条长，信息传播的失真度高，则更应该注重制度的传播管理工作。

制度的发布，应该充分利用多种信息传播工具，特别注意信息渠道的可选择性，以避免过多无关信息而使接受对象产生选择疲劳。使用计算机网络建立制度公布和管理的信息平台，并建立制度学习的责任矩阵关系，是比较可行的方式之一。建立信息读取的责任机制，如接收签名、阅读登记等，也有利于制度信息的有效传达。

更重要的一点是，制度不但要传达到位，而且要促使管理对象理解到位，这就需要建立和完善企业制度的培训职能。要给员工创造合适的学习环境，使他们更多地接触到制度化管理的内容。只有向制度执行者提供及时的学习机会和咨询支持，才能促使其全面理解制度要求，扫清认知障碍，从而使各种规章潜移默化地进入他们的主观意识。

另外，还应建立定期的制度“应知应会”考核，强化制度执行者对制度内容的记忆，有助于其在日后工作中具体执行。这也是一件常抓不懈的工作。

我们知道，各种信息在传递过程中总会发生一定的衰减，如果在传递过程中不有效地增强信号，到终端时信号会衰减得很厉害，甚至失去了使用价值。而对制度的宣传教育工作就起到了一个增强信息的作用，保证制度执行者对制度内容有充分的理解。制度宣传与教育的效果直接影响制度的执行效果。我们对规章制度的宣传教育工作要形成制度化、长期化和专业化，宣传贯彻到制度所涉及的各个部门和员工，并且让这样的学习和教育成为一种常态。

管理智囊

制度不但要传达到位，而且要促使管理对象理解到位，这就需要建立和完善企业制度的培训职能。

有效结合制度的刚性与管理的柔性

企业与企业环境总是会随着时间的推移而不断发展变化的，制度也得适应这个变化才能发挥好作用。

春秋时期，晋国有位叫李离的狱官。有一次，在审理一件案子时，李离由于误听了下属的一面之词，结果将一个犯人错判致死。后来案情真相大白后，李离决定以死赎罪。

晋国国君很看重李离，就劝说他："官有贵贱，罚有轻重。这件案子主要错在下面的办事人员，又不是你的过错。"李离回答："作为国家的狱官，要保证国家法律的公正。既然我犯了错，就违反了制定的法律。为了保证以后法律的有效实行，我不能打破这个规矩。"说完之后，李离就伏剑自杀。

李离以死赎罪，体现了其对国家法律制度的支持。晋国法律得到了有效维护，晋国的国力也因此大为增强。只有保证已有制度的贯彻执行，才能有效进行管理。制度建立的目的，是保证企业日常管理的规范。有制度，就要有执行。企业的管理中，保证制度的刚性是根本。

2001 年 8 月，清华同方在将产品打入西安大学校园时，遇到了一个问题：所配的部分产品零件与当地的环境不匹配。技术人员却无法予以更换，因为公司有"不允许使用其他企业零部件"的规定。如需解决，还要向总部报告，总部又要花时间去评估和研究。这样会耗费大量时间，致使当地客户怨声不少。

这时，负责当地市场的一位公司副总当机立断，下令打破原有规定，用其他企业的零部件代替部分不匹配产品，问题很快得以解决。

这位副总及时调整了公司的管理制度，表面看似乎是打破了制度的刚性，实际上灵活的管理手段能够更好地维护制度。

清华同方规定"不允许使用其他企业的零部件"，其目的是保证产品质量与服务质量，防止各地的售后服务部门用质量差的零部件损害顾客的利益。而对制度的调整，更能有效确保目标的实现，管理上的灵活性就与制度的刚性得到完美的结合。

有了这种刚性与灵活性结合的思想，在企业管理中很值得借鉴。企业制定的每一条规章制度都具有一定的刚性，不过，要使制度发挥出最大的效用，又得做到灵活运用。制度化管理并不意味着死板与僵化，如果制度的刚性与管理的柔性不能有效结合，企业制度很难发挥最大的效益。

对于制度的刚性与管理的灵活性，管理者在企业管理中要注意两点。

一是制度应该让执行者有一定的自主权，使其能够按照制度的目标来处理某些例外情况，这也是管理的“例外原则”的精义所在。

二是要让制度的执行者对企业的理念有深刻的认识，为了企业的理念，能够灵活地处理例外情况。清华同方的那位副总对事件的处理，就充分体现了他对公司理念的认同，而不是“死守”条文，不知变通。

管理者必须时刻注意企业的规章制度，发现不切实际或不合情理的要及时纠正。一个好的规章制度，必然是不断修改、不断完善的。制度要顺应变化，这也要求管理者在企业管理上要具有灵活性。

管理智囊

制度化管理并不意味着死板与僵化，如果制度的刚性与管理的柔性不能有效结合，企业制度很难发挥最大的效益。

克服阻力，制度执行常抓不懈

制度谁都能制定，而且还能制定得很完善，但是为什么有些人能做成大公司，有些人的公司会倒闭呢？能否把制度坚决执行下去是很大的原因。新制度制定后一般都会遇到阻力。对老板来讲，有阻力就是自己存在的价值。

我认为，制度执行时的阻力主要有以下五大方面。

（1）改变了长期以来公司形成的习惯。比如，高管层的分权管理制度详细规定了领导的分工，但是在实际工作中，级别高的领导总是向级别低的“越界”。这时，下属经过若干次小心修正之后，才能形成自己认为的“惯例”。没有人不知道惯例与制度之间的偏差，但是包括被“越界”的高层及下属都没有人敢说出来，结果发现这样的制度执行到后来，大家办事都不依制度而依“惯例”。这种情况属于大家可能有意执行，但领导却在破坏。

（2）老板的亲属。小企业在起步阶段，一般人不多，而且大部分的员工都是熟人，不是这个三姑介绍过来的就是那个六婆介绍过来的，谁都不好得罪。这时候，聪明的老板会制定一套制度，说明公司内没有熟人。这一点，每个老板的初衷都是一样的，唯一不同的是对制度的坚持与否。一直坚持执行下去的老板得到了越来越多的工人和客户，而那些坚持不下来的公司的命运就可想而知了。

（3）老板的哥们儿。在公司中，总会有几个跟老板有着某种特殊关系的老板兄弟或旧交故知。中国传统人际关系中有一种很强的江湖义气，特别是在中青年男性的关系上，很多时候都带有一种类似于《水浒传》和《三国演义》中描述的那种“绿林义气”。这种关系如果只是在个人之间自然无可厚非，但一旦某个“大哥”创办了一家公司，这种“绿林义气”的危害就会显现出来。这时，公司里的人际关系就不再是单纯上下级和同事之间的工作关系，而带有一种“哥们儿”色彩。哥们儿违反了制度，怎么办？这考验着老板的决心。

（4）既得利益者。在新的制度没有实行的时候，他们过得很爽，优哉游哉！但是新的制度实行以后，自己的利益受损，这些人就会想尽一切办法抵制。

（5）管理者本身的惰性。例如，工厂规定所有员工10点一过必须关灯睡觉，否则就罚款20元。但是现在的年轻人精力充沛，半夜12点半都还在阳台聊天。作为小老板开始几天还天天去督促，但是一个星期过后，员工还是天天跟你捉迷藏，自己也累了，就想：反正他们第二天能给我做那么多事情出来就好了，管他聊到什么时候。久而久之，这个制度成了一张废纸，老板就头痛，怎么效率一直上不去，怎么质量越来越差？

1984年创办的联想是中国最早的一批有现代意识的企业之一，这种历史定位决定了联想的先行性，但由于没有可以借鉴、对比的参照物，对于怎么发展是见仁见智，这种前期的怀疑和争论甚至会使后期执行三心二意，柳传志用一个拨电话的例子告诉大家，只要方向是对的，就要不停地“拨”。在柳传志的观念里，“拨”电话就是执行公司的制度，执行领导者的决策。

在联想集团中，老员工习惯于照章办事，哪怕这种规章影响了销售效率甚至公司利益，也不敢违反。年轻人则喜欢我行我素，信奉“只要把生意做成，公司的规矩就不在话下”。因此企业内部经常爆发新老两代员工的争吵，二者彼此之间充满了火药味。

柳传志一向对年轻人比较照顾，但是他并没有过分溺爱自己的年轻手下。现在，联想形成了一项项制度，这些制度定下以后一定能做到，从20世纪90年代到现在没有虚说的情况。柳传志说：1990年以前，我们公司有5个年轻同事，由于不遵守公司的规章，用不合法的方式谋取个人利益，被送到司法机关，判了刑。现在，有4个人都出来了，他们出来后的第一件事都是向我们表示道歉，然后再表示感谢。为什么道歉呢？因为话都说在桌面上了，没有任何一件事情是没说清楚的，什么事情绝对不许做，应该怎么做，年年反复讲，你这么做明显是不正确的。感谢是因为什么呢？因为我们一方面要坚决地把犯错误的人送进去，另一方面帮助他们减刑，一直减到一两年，能够让他们接受教育就行。这些人出来以后，做得都不错，有一个还成了一个比较大的企业的负责人，还有一个同事又回到我们公司工作。

规矩存在的意义，不在于约束，而在于凝聚。将每个成员各自独立的个人倾向规范引导，能量集中，小流束之成大川，因而能铸就较强的战斗力。为人处世，规矩自立，如此，便可处乱而不惊，应变自如。

不仅是联想，世界上所有值得尊敬的公司，总有一些值得尊敬的游戏规则，这些游戏规则被称为“天条”。天条对一个公司来说，意味着公司的底线。在解决了为谁做和怎么去做的问题后，需要解决的是哪些不能做、哪些能做的问题。天条的制定可以帮助队伍形成应有的规范，使队伍形成良好的纪律约束。一家公司必须制定出自己的天条，它是公司不可触及的铁律，是公司不能跨越的禁区。

制度定下以后一定要做到，制度定下来不执行不如不制定。执行力影响战略成败。一旦确定是对的，就要执行到底。如果管理者做不到常抓不懈，企业的工作就会虎头蛇尾，开始时轰轰烈烈，最后不了了之。

柳传志曾经说过："20世纪80年代拨电话号码是件很麻烦的事情，那时电话需要接线员转接，拨不通的话有两种可能，一种是线路忙，另一种则是号码不对。遇到前一种，只有一个选择，那就是不停地拨，遇到后一种，则永远拨不通。执行路线有些像那时拨电话号码，如果认准目标是对的（电话号码是对的），那么就要贯彻坚决性：不因小胜而张狂，不因挫折而气馁，不因诱惑而动摇就是这种坚决性的体现。"

管理智囊

执行路线有些像拨电话号码，如果认准目标是对的（电话号码是对的），那么就要贯彻坚决性：不因小胜而张狂，不因挫折而气馁，不因诱惑而动摇。

用文化管企业，以文化兴企业

一、企业文化的概念

企业文化，或称组织文化，是一个组织由其价值观、信念、仪式、符号、处事方式等组成的其特有的文化形象。

文化，是企业综合实力的体现，是一个企业文明程度的反映，也是知识形态的生产力转化为物质形态生产力的源泉。在公司面临新的形势、新的任务、新的机遇、新的挑战的情况下，要想在激烈的市场竞争中取胜，把企业做大做强，实现企业的跨越式发展，就必须树立“用文化管企业”“以文化兴企业”的理念。为了进一步弘扬企业文化，树立起公司的正面形象，增强员工的归属感，推动公司企业文化建设持续健康发展，最终达到以文化管理企业的目的，应结合公司实际情况，制订企业文化建设方案。

二、企业文化的特征

1. 独特性

企业文化具有鲜明的个性和特色，具有本企业特色的企业文化，在具有企业文化共性的基础上显示其独特的企业精神，鲜明的企业形象，创新的企业品牌，高效的管理风格，从而促进企业的发展和经营的成功。个性文化一旦形成，就会产生巨大的感召力、凝聚力、生命力和对外的辐射力。

2. 相融性

企业文化的相融性体现在它与企业环境的协调和适应性方面。企业文化反映了时代精神，它必然要与企业的经济环境、政治环境、文化环境以及社区环境相融合。

3. 人本性

人是企业文化的主体，也是企业生产和服务的主体；人是有创造力的生产要素，是活的资源，可以升值的资源，是企业生存发展的第一资源。“一个企业成败的关键，在于它能否激励员工的力量和才智。”因此，“以人为本”是企业文化最重要的特征。

4. 整体性

企业文化是一个有机的统一整体，人的发展和企业的发展密不可分，引导企业职工把个人奋斗目标融于企业整体目标之中，追求企业的整体优势和整体意志的实现。

5. 创新性

创新既是时代的呼唤，又是企业文化自身的内在要求。因此，企业应因地制宜，用新的视野、新的思路、新的价值观来构建新的企业文化，使企业真正成为学习型组织、创造型组织，不断培育和提升核心竞争力，提供全方位的服务。

三、企业文化建设的步骤

良好的企业文化不是自发产生的，要靠企业长期的精心培养和建设。其建立的步骤大致为：

第一步，提出方案。由企业的管理者在经过认真的分析研究后，找出企业文化方面的薄弱环节，并按照理想模式或缺点改进项目提出企业文化建设的初步方案。

第二步，培育文化。该阶段将企业文化建设任务落实到企业的各个部门。通过协作，促进企业优秀的企业文化早日形成，实现企业的文化建设目标。

第三步，评价文化。该阶段是对企业文化培育过程中出现的问题以及实施情况进行跟踪，确保企业文化建设任务顺利完成。

第四步，文化提炼。该阶段是对有效的企业文化进行归纳和加工，概括出通俗易懂、简洁易记又能鼓舞人心的语言来表达。

第五步，追踪反馈。由于环境的不断变化，企业文化的稳定性总是相对的，随着时间的推移，企业文化建设的内容也需不断充实、丰富和提高，要对某些不符合环境变化的内容予以调整，或重塑企业文化。

企业文化是企业的灵魂，是推动企业发展的不竭动力，是企业或企业中的员工在从事经营活动中所秉持的价值观念。企业管理者都应该为自己量身定制一套优秀的企业文化。

管理智囊

> 企业应因地制宜，用新的视野、新的思路、新的价值观来构建新的企业文化，使企业真正成为学习型组织、创造型组织，不断培育和提升核心竞争力，提供全方位服务。

CARRY OUT THE PLANS

第三章

层层把关，做好各个环节的制度

行政制度是一个企业的核心制度

行政办公室是一个公司的综合管理部门，有的公司称为办公室，有的称为综合部，有的称为行政管理部，有的叫作秘书处等。名称虽然不同，但职能基本差不多，都是公司行政事务的综合协调部门。

行政办公室也是一个企业的核心部门，对企业机构的内部事务进行指挥、调动和决策。公司除直接生产任务之外的大小事务都是行政部要管的。而这些所谓的“管”，就是管事理人，主要包括三个方面。

（1）协调公司内部各部门之间的行政关系，为各部门的生产经营活动提供相应的服务。

（2）对外代表公司处理相关行政事务，是宣传公司、推广公司的重要部门。

（3）领导的助手和参谋，对行政指令起到上传下达的作用。

为了做好纷繁复杂的行政工作，行政部门不能东一榔头西一棒子，毫无头绪地整天瞎忙；或是被领导一会儿支到东，一会儿支到西，结果村村起火，处处冒烟，吃力不讨好，不知道自己整天都忙了些什么。行政部门应该有自己的主见，能够根据事情的轻重缓急，做好安排，指挥若定。为了达到这种境界，必须建立健全和认真执行行政部门的各项管理制度、岗位责任制度、工作程序以及一系列规范化流程等，从而建立起行政部门的“法治”秩序。

可以说，办公室不仅是公司形象的体现，也是公司管理水平的体现。对于这个重要的管理部门，公司应该制定怎样的管理制度呢？因为每个行业的具体工作内容不同，这里我就说一下共同的几个问题。

（1）行政部门本质上是一个服务部门、协调部门。所以，在制定制度的时候，一定要突出为公司其他部门提供服务和方便的特性。

（2）行政上的许多环节需要靠流程图来实现，流程图的好处就在于它能够简单明了地说明工作的关键点，做到“分工清晰、责权明确”，使行政的各项工作条理清楚，有利于工作效率和工作质量的提升。

（3）推行表格化管理。工作流程有了，责任权利明确了，具体的实施就要靠表格。表格是行政工作中的一个常用工具，许多复杂的工作只要用表格就完全能说清楚，特别是一些需要有追溯性的工作，通过简单的表格就可以实现。

（4）行政制度的变化不能太急。你认为管理上很混乱，有很多方面需要变革，但一开始动作，到处都是阻力，连当初大力支持的最高决策人态度也变得有些暧昧，至于如何开展好行政工作，这似乎并没有标准答案。国有国情，不同的企业在不同的时期有不同的情况，管理上有混乱，企业亟须变革不假，但也不可急于求成。企业规章，并不是坐在办公室里想出来的，必须真正了解员工诉求。当大多数人认为不得不改时，推行制度自然水到渠成。

怎样制定行政制度，应该说是要具体情况具体分析。下面就是一个高科技企业行政制度的变革之路。

新太集团于1986年成立，以电脑软件开发为主业，最初只有17个人，发展至现在已经有2000多名员工，最高峰时有3000多人。行政事务迫切需要进行优化提高。

首先是行政人员自身的改革。

工厂里面对的是普通工人，行政管理相对简单，只要把一些规章制度设计好，最后遵章执行就可以了。但新太是一个以研发为主的高科技企业，员工素质相对较高，就不能用工厂的那套来搞行政管理了。这里的工作很难像生产、销售、研发一样进行量化考核，于是他们设计了一个“评分制”来对行政管理人员进行绩效考核。

“评分制”分为基本类和考核类，基本类如上班状况、态度等，而考核类是从效率来考核的，如我们有“4小时回复制”，就是交代了的事情无论能不能完成，都必须在4小时内有一个回复。行政管理人员干与不干、回复与不回复、回复得合不合理，考核是不一样的。

公司的行政部门还协助领导对其他一些部门进行了改革。

新太以前的采购部只是负责供应公司需要的大量电脑设备，采购部的考核指标是有没有完成公司下达的采购任务，并不考虑采购的价格、时效、质量等因素，不少人是有十多年工作时间的“老油条”，采购这种只是转个手的工作不是什么难题，工作人员的积极性不高。

2000年，公司将采购部剥离出去，组建成为独立的“广州新太电子有限公司”，不但承担新太集团内部的采购业务，还对外开展业务。人马还是原班人马，只有116个人。

2002年公司亏损10万元，2003年略有盈余，2004年9月份，公司就已经完成了全年任务。有效的激励机制使员工工作积极性增加，员工的收入也提高了。

新太集团每年的后勤支出约800万元，包括职工饭堂、水电安装、设备维护等。将后勤部组建成为“广州新太实业有限公司”后，公司可以直接对外营业，一年利润即有10万元，这样，集团在后勤部门的资金“剪刀差”就有810万元。

由于新太集团人员众多、接待频繁，行政部订票订房业务多，公司申请牌照成立了“广州安达旅游有限公司”，除了对集团内部的业务外，还对外开展订票订房业务，同时也减少了集团行政费用的支出。

任何一种行政管理的方式都有利有弊，它不是“万金油”，随便一涂就奏效。企业应该选择适合自己的行政管理方式。新太集团通过建立独立子公司，不但提高了企业效率，还使企业内部的协调机制变得更加规范，如子公司之间开展业务都必须先签订合同，这样责任与契约意识就强化了。

行政部门的任务是把领导和员工从繁重、琐碎的行政事务和生活琐事中解脱出来。工作相对烦琐，包括人力资源、劳资业务、法律事务等，甚至还要涉及党、工、团的工作，这些都需要沟通、服务，甚至需要忍受委屈。但是，只要坚持流程化、坚持原则，把制度定细、定合理，工作就能做好。

管理智囊

行政部门的任务是把领导和员工从繁重、琐碎的行政事务和生活琐事中解脱出来，是一个企业的核心部门，对企业机构的内部事务进行指挥、调动和决策。

做好薪酬制度的筹划定制

一、薪酬管理的定义

所谓薪酬管理，是指组织依据所有员工所提供的服务，确定他们应当得到的报酬总额以及报酬结构和报酬形式的过程。在这个过程中，企业就薪酬水平、薪酬体系、薪酬构成以及特殊员工群体的薪酬做出决策。企业还要制订薪酬计划，编制薪酬预算，就薪酬管理问题与员工进行沟通，同时对薪酬系统的有效性做出评价并不断予以完善。

薪酬管理对任何组织来说几乎都是一个比较棘手的问题，主要是因为企业的薪酬管理要体现公平性、有效性和合法性，企业经营对薪酬管理的要求越来越高，但其受到的限制也越来越多，除基本的企业经济承受能力、政府法律法规外，还涉及企业不同时期的战略、内部人才定位、外部人才市场以及行业竞争者的薪酬策略等因素。

二、薪酬管理的原则

1. 补偿性原则

要求补偿员工恢复工作精力所必需的衣、食、住、行费用，补偿员工为获得工作能力以及身体发育所先行付出的费用。

2. 公平性原则

要求薪酬分配全面考虑员工的绩效、能力及劳动强度、责任等因素，考虑外部竞争性、内部一致性要求，达到薪酬的内部公平、外部公平和个人公平。

3. 透明性原则

薪酬方案公开。

4. 激励性原则

要求薪酬与员工的贡献挂钩。

5. 竞争性原则

要求薪酬有利于吸引和留住人才。

6. 经济性原则

要求比较投入与产出效益。

7. 合法性原则

要求薪酬制度不违反国家法律法规。

8. 方便性原则

要求内容结构简明、计算方法简单和管理手续简便。

三、薪酬设计的步骤

要设计出科学合理的薪酬体系和薪酬制度，一般要经历以下几个步骤。

第一步，进行职位分析。职位分析是确定薪酬的基础。

第二步，进行职位评价。职位评价（职位评估）重在解决薪酬的对内公平问题。

第三步：薪酬调查。薪酬调查重在解决薪酬的对外竞争力问题。

第四步：薪酬定位。在分析同行业的薪酬数据后，需要做的是根据企业状况制定不同的薪酬水平。

第五步：薪酬结构设计。报酬观反映了企业的分配哲学，即依据什么原则确定员工的薪酬。

第六步：薪酬体系的实施和修正。在确定薪酬调整比例时，要对总体薪酬水平做出准确的预算。

管理智囊

薪酬分配应全面考虑员工的绩效、能力及劳动强度、责任等因素，考虑外部竞争性、内部一致性要求，达到薪酬的内部公平、外部公平和个人公平。

发挥激励制度的推动作用

有效的激励会点燃员工的激情，促使他们的工作动机更加强烈，让他们产生超越自我和他人的欲望，并将潜在的巨大内驱力释放出来，为企业的远景目标奉献自己的热情。那么，什么是对员工的激励呢？

员工激励是指管理者通过一定的方法或手段，激发员工行为动机的心理过程，它通过外部刺激来唤起员工的需要，诱发和引导员工的动机，挖掘员工的内在潜能，并按照管理者的意图产生行动的一种方式或手段。简单地说，就是调动员工的工作积极性的过程。

那么，企业领导者在进行员工激励时，必须遵循哪些原则？

一、实事求是原则

实事求是激励原则的基本含义，包括三个方面：一是激励不能捕风捉影，要以客观事实为依据；二是必须对事实进行全面、系统的分析；三是在弄清事实、经过分析研究的基础上确定事物的性质。

这三个方面是辩证统一的关系，忽视任何一个方面，都不能正确地实施员工激励。

实事求是激励原则对企业的生存与发展极为重要，因此，在企业激励中必须坚持这一原则。那么，怎样才能做到坚持实事求是的原则呢？可以从以下四点入手。

1. 以事实为依据

激励员工必须从客观存在的事实出发，既不能凭主观想象，也不能毫无根据地听从上级的授意或指示，更不能从书本上生搬硬套，而应该把有情节的、活生生的、有血有肉的事实作为激励的依据。

2. 必须认真核实

激励员工既然要以事实为依据，那么首要的任务就是要把事实弄清楚，把性质弄准确，把细节弄全面，去伪存真，去粗取精。

3. 用发展的眼光看待问题

激励是一种手段，也是一个复杂的过程，事实是不断发展变化的，激励的方式方法、标准条件也应该随之发生改变，所以我们不能用孤立的、静止的、片面的眼光看待问题，要用辩证的、动态的、全面的眼光看待问题。

4. 用实践来检验

实践是检验真理的唯一标准。那种只顾前不顾后，为激励而激励的做法，不是真正的实事求是。激励使用得是否正确，作用发挥得如何，只有在激励结束之后，才能看出是否真正做到了实事求是。只有经得起实践检验的激励，才是好的激励方法。

此外，在激励员工过程中，要坚持实事求是原则，这就要求必须在“真、实、深、细”上下一番功夫，同时还要避免或克服负面情绪。比如，不能粗心、马虎。粗心、马虎是做好一切工作的阻碍，更是激励员工的大忌。事实的偏离，性质的误差，情节的遗漏，工作的不到位等都源于此，所以我们要坚决克服。在实施员工激励的过程中，如果没有根据客观事实，只看权力大小或只凭外部因素的左右，就不可能做到实事求是，激励的准确率必然会降低，作用自然也就很难发挥。如果实施者再有私心，或带有个人恩怨行事，就会下意识地扭曲或违背客观事实。激励只有在排除任何私心和个人恩怨的情况下，才能充分体现出客观性和准确性，这是毋庸置疑的。

总而言之，实事求是原则是激励员工的首要原则，企业领导者只有遵循这一原则，才能很好地实施员工激励。当然，要做到遵循这一原则并不容易，在实际工作中可能存在较大困难，但领导者不能有退缩情绪，更不能因为存在困难而忽视这一原则的重要性以及实施的必要性。卓越的企业领导者会积极地倡导、默默地自觉遵循和不折不扣地执行这一原则。

二、公平、公正原则

美国学者亚当斯提出的公平理论认为，当一个人感到他所获得的激励与他投入的努力所做出的贡献或与他人的不良行为造成的损害比值相等时，就有了公平感，从而产生积极作用或约束作用。否则，被激励者就会产生消极情绪，产生破罐子破摔的思想，达不到激励的目的。

公平、公正原则是员工激励的重要原则，任何不公平、不公正的待遇都会影响员工的工作效率和工作情绪，也会直接影响最终的激励效果。

所以企业领导者在实施激励行为时，一定要秉承公平、公正的态度，不应有任何的偏见和好恶，也不应有任何不公的言语和行为。那么，怎样才能做到坚持公平、公正的原则呢？可以从以下五点入手。

1. 一律平等

员工激励要想做到公平、公正，就必须做到面对任何一位员工，都要不分职位高低，一律平等对待；不分个人好恶，一样对待；不分远近亲疏，一视同仁；不分种族性别，一个标准。

如果员工能够为企业努力工作，且业绩突出，不论他是企业的骨干，还是普通员工，领导者都应该公平地给予其认可与表扬。

对于在同一个部门工作的员工，如果他们为企业做出的贡献大小相同，且其他因素也相近，那么就不应该厚此薄彼。这样员工才不会抱怨企业的激励有失公平、公正，才不会影响员工的工作士气。

2. 机会均等

公平、公正激励原则还表现在创造平等的竞争环境和条件上，也就是机会均等。如果被激励对象的起跑线不一样，最终的行为结果肯定会有很大的出入。如果企业管理者对起跑线的差异与否不闻不问，单凭员工的行为结果来激励，虽然表面上看是公平、公正的，事实上却并非如此。另外，在异常艰难的条件下与在顺风顺水的条件下，取得的行为结果相同，理应给予同样的员工激励。但是如果以辩证的方式来估量，就应该对前者加强激励、对后者降低激励，这样做才是真正的公平、公正。此外，如果对有些员工持续给予优惠条件与帮助，而对有些员工却时常设置困难与阻碍，但是却以同样的标准来估量激励的结果，这样做是非常不公平、不公正的。所以，环境、条件和机会的均等，同样是激励公平、公正十分重要的方面，企业领导者千万不能只顾结果而忽视了条件。

3. 功过分明

激励的程度必须与被激励者的功过相一致，这是公平、公正激励原则最基本的要求。激励公平、公正一定要功就是功、过就是过，功过分明，千万不能以功掩过，也不能以过掩功，更不能功过相抵。

通常情况下，随意以功盖过或者以过掩功，有功而不赏，有过而不罚，就会使人们形成一种“精神腐蚀剂”，让那些有功的人始终躺在以前的功劳簿上生活，一功盖百过，从此不思进取，自甘堕落；让那些曾经有过的人心中背负着巨大的精神包袱，一过遮百功，自此一蹶不振，甚至误入歧途。这些不仅偏离了激励公平、公正的原则，并且社会成效非常差，无法起到“赏一劝百，罚一儆众”的效果，甚至会引起他人效仿，从而使消极面扩大，积极面缩小。

功过分明不仅可以充分体现出激励公平、公正的原则，并且利益远远大于弊端，在实践过程中一定要坚持做到始终如一。

4. 客观评价

所谓客观评价，就是与其评价一个人的人品或能力，不如着重于其工作或业绩的评价。因为评定一个人的工作成果，比评定一个人的人品更容易。这是因为能力发挥后所表现出来的业绩，比能力本身容易评价。因此，我们要尽可能避免主观评价，要趋向于客观评价。

（1）为了公平起见，应采用绝对评价的方式。在激励员工的过程中，为开发员工的能力而进行考评。所以，并不重视均衡的相对评价，而是一种以每一个独立人格作为对象的绝对评价方式。这样做是理所当然的。

（2）为了公平起见，应进行客观评价。以前的考核，使人觉得有偏向于印象进行评论的感觉。比如，“他不请假、不迟到、很认真”，或“他对领导很忠诚，与同事相处很和谐”，对其评价很高就是很好的例子。对被激励的员工主观的评价有时会缺乏对事物的客观评价。这样一来，当事人自然无法心服口服，甚至有所不满。

5. 不搞平均主义

需要注意的是，在实施公平、公正原则时，不能搞平均主义，因为平均分配等于无激励。

不少企业在建立激励制度后，员工不仅没有受到激励，工作热情反而下降。其原因就在于没有辅以系统、科学的评估标准，最终导致实施过程中存在“平均主义”，如评优中的“抓阄法”“轮庄法”等，这必然会在一定程度上挫伤贡献大的员工的工作积极性。一些原本很好的激励方法由于在实施过程中出现了偏差，使得员工产生了不满情绪，进而抑制和削弱了员工的工作热情。

科学、有效的激励机制都不是孤立存在的，它们必须与企业的其他一系列相关体制相配合才能发挥出良好的效果。其中，评估体系是激励的基础，有了准确的评估才能有针对性地进行激励。

因此，在员工激励的实施过程中，一定要坚持公平、公正原则，让每一位员工受到公平的对待。

三、重肯轻否原则

在激励员工的过程中，肯定与否定是管理者经常使用的激励员工工作积极性的方法，“重肯轻否”的激励原则就是激励专家由此提炼出来的。

企业管理者要想正确地运用肯定与否定这一激励方法，首先要学会正确评价员工。这项工作是十分艰难的，因为人的言行与思想非常复杂，表现也不一致，根本不能简单地从人的行为中得到其所思所想。正是因为人的行为中会出现潜显相随、真假相伴的矛盾，所以长期以来，人们只能从质的方面去定性地把握，而难以用数学的方法进行度量。随着科技水平的飞速发展和评价技术的日益提高，评价也开始从质与量两个方面同步切入，并将这种评价方法发展得愈加成熟、科学。

那么，它们之间哪一个更重要？抑或是二者同样重要，不分彼此？

应该说，肯定和否定都是必要的，肯定是从正面指出员工的长处，以利发扬；否定则是从反面指出员工的短处，以便克服。这里我们需要强调的是，在运用肯定与否定这一激励方法的过程中，要把肯定放在首要位置。之所以这样做，主要有以下三点原因。

首先，激励的目的在于提倡、发扬优势，抑制不足之处，而任何个人或团队都是矛盾的统一体——既有正确的、积极的、光明的一面，又有错误的、消极的、阴暗的一面。在大多数情况下，前者是主流，后者是支流，前者是多数人认可的，后者是众人否定的。从某种意义上来说，否定支流其实就是为了倡导主流。

其次，就人类的心理趋向来看，每个人的心灵都趋于美好，都希望个人的表现能够得到他人的认可。每个人都希望事业成功、家庭美满、人际关系和谐、自己的所作所为得到认可与赞赏。他们自身并不希望存在影响自己进步、引起他人反感的那些不足，只不过是他们自己没有认识到罢了。在企业激励中，每位员工都希望企业管理者能够对自己的工作予以肯定，表示欣赏。因为，企业管理者在评价一位员工时，如果充分肯定了他的成绩，不仅会给员工带来心理上的极大满足，也会给员工带来精神上的安慰。

最后，实践证明这是一种切实可行的激励方法。企业管理者只要把握好肯定与否定的度，把握准确信息并选择合适的时机与场合，定能收到良好的激励效果。

四、因人而异原则

因为不同的员工有不同的需求，所以同样的激励措施起到的激励效果也不尽相同。即便是同一位员工，在不同的时间或环境下，也会有不同的需求。受员工本人的愿望变化、工作与生活环境的变化、社会时代的变迁、家庭的直接或间接需求等因素影响。由于影响员工需求的因素有很多，且这些因素既可以独立变化，又可以交叉影响变化，因此企业管理者一定要了解员工的主观感受，抓住员工的主导需求，真正做到因人而异，这样才能进行有效激励。那么，怎样才能做到坚持因人而异的原则呢？可以从以下两点入手。

1. 尊重员工的需求

企业管理者要想对员工进行有效激励，就必须了解他们的动机或需求。以下两点必须首先明确：第一，没有相同的员工；第二，在企业不同的发展阶段，员工会有不同的需求。

员工的需求主要包括生理需求、安全需求、社会需求、尊重需求和自我实现需求等。当其中一种需求得到满足之后，员工就会转向其他需求。由于每位员工的需求各不相同，对某位员工有效的激励措施可能对其他员工就没有效果。管理者对于不同的员工应当考虑其个体差异，具体人员具体分析，采取不同的激励方法，对员工进行有针对性的激励。

2. 工作与性格相匹配

企业管理者在为员工安排工作时，必须与其性格相匹配。每位员工都有自己的独特性格。比如，年轻员工比较看重拥有自主权及创新的工作环境，中年员工比较重视工作与生活的平衡及事业发展的机会，老龄员工则比较重视工作的稳定性。只有工作与员工的个性相匹配，才能让员工感到满意、舒适。比如，喜欢稳定、程序化工作的传统型员工适宜从事会计、出纳员等工作，而充满自信、进取心强的员工则适宜担任项目经理、公关部长等职务。如果让一个喜欢冒险的人从事一成不变的会计工作，而让一个循规蹈矩的人去冒险开拓新市场，他们可能会对自己的工作感到不满意，工作效率自然低下。

总而言之，企业管理者在制定和实施员工激励措施时，首先要了解每位员工的真正需求，从而有针对性地进行激励，这样才能收到最好的激励效果。

五、因时而异原则

企业的发展是一个动态的过程，在不同的发展阶段，工作的重心需要做出相应的调整。因此，企业的激励机制也需要随之做出相应的调整，通过最合适的激励手段来激励员工努力工作，共同完成企业目标。比如，当企业的研究项目进入攻坚阶段时，企业管理者可以向研发部门的员工许诺：待项目拿下，企业将会为他们颁发荣誉证书，并让他们得到更多的假期。此外，随着企业的发展，员工对企业会有更深入的了解，对企业本身的优势、内外部存在的弊端、企业发展的前景看得更加清楚。当企业的发展更加成熟时，企业内部就会形成因爱好不同、性格不同、利益不同的各种小联盟或小团体，在此阶段，企业的激励机制也要做出相应的调整，以便让每位员工都能充分发挥其最大潜能，从而顺利实现企业目标。

六、推功揽过原则

在企业管理的过程中，管理者应遵循推功揽过的原则。推功揽过是一种崇高的领导品德，能够产生积极的精神效应，激励企业员工奋发向上，并由此形成一种良性循环，从而促进企业快速发展壮大。

企业管理者无论是“推功揽过”，还是“推过揽功”，对他们的未来都将产生重大影响。古往今来，无数事例证明，凡是推功揽过的领导者都能有效激励下属，从而取得成功。而推过揽功的领导者则会削弱下属的工作积极性和斗志，从而导致失败。

作为现代企业的领导者，更应重视推功揽过的重要性，即有了功劳要多看集体的努力，出了问题要多找自己的责任，这个要求绝不是虚伪的无的放矢。因为在现实工作中，领导班子的不团结，往往是成员之间争荣誉、抢位子、推责任的结果。不仅同级之间是推功揽过，对于下级更是如此。领导者在自己的下级有了问题时要勇于承担责任，切忌把自己应负的责任推给他人，更不能逐级往下推。

科学的激励制度含有一种竞争精神，它的运行能够创造出一种良性的竞争环境，进而形成良性的竞争机制，激发员工的积极性、创造性与革新精神，提高员工的努力程度。

管理智囊

激励公平、公正一定要功就是功过就是过，功过分明，千万不能以功掩过，也不能以过掩功，更不能功过相抵。

重视绩效评估制度的预警作用

很多企业忽视对员工的绩效评估，认为这样会打击员工的信心，给员工造成一定的心理负担。然而正是由于企业这种片面的想法，才使企业年终的业绩不容乐观。所以，企业一定要重视对员工的绩效评估。

公司年终的绩效考评终于结束了，张经理所带领的A部门的绩效比王经理带领的B部门的绩效差了很多。张经理怎么也想不明白，我的员工同样都是每天工作8小时，为什么结果会相差这么多呢？张经理为了解开这个困惑，便主动找到B部门王经理取经。

王经理听完张经理的来意后，笑眯眯地从抽屉里拿出一份绩效评估表递给张经理。

王经理说："我的员工之所以能够取得优异的成绩完全依靠了这份绩效评估表。"

这一句话说得张经理更是一头雾水了，这表能有这么大的作用？看出了张经理的迷惑，王经理接着说："其实这份表很重要，但更重要的是从这份表中获取的东西。每个月我都会把员工的工作情况详细地记录下来，给予评估，并每月组织员工就这一评估讨论一次。从这每一次的评估和讨论中，员工们有什么工作上的困惑都会得到解答，而且工作方法也能得到改进。更重要的是每个员工之间还能有竞争。谁也不甘落后。通过这一方法，业绩自然提升得很快。"

听完王经理的解惑，张经理也决定在A部门中开展绩效评估。3个月后，张经理带领的A部门的业绩上涨了30%，虽然没能赶上B部门，但这一成绩足以令人刮目相看了。

在对员工进行绩效评估的时候应注意以下几个方面。

1. 评估不能只做表面文章

一些领导者对考核的重要意义没有认识清楚，以为不过是个形式，自己的意见不会起什么作用，打分自然也就不会那样慎重。

另外，中国传统的“好人主义”也严重影响了考核的严肃性和现实意义。有些领导者奉行中庸之道，凡事追求不偏不倚，对员工的评估抱着“差不多就行了”的态度，对所有员工的评估如出一辙。

还有一些企业直接将成功企业的绩效考核办法完全“拿来”为我所用，自以为找到了一个有效的管理“武器”，但在实际操作中却走了样，无法起到应有的作用，从而造成绩效考核走过场，流于形式。

这些只做表面文章的考核对企业来说没有任何实质性的作用，绩效评估不能为了评估而评估。评估是手段，不是目的，如果评估不能激发员工潜力，不能成为推动员工发展以及推动公司成长的驱动力，那就失去了其存在的意义。

因此，领导者在对员工进行评估的时候，不要只做表面文章，在评估过程中，要秉承严肃、认真的态度，只有这样才能真实反映公司员工的情况。否则，一个连真实情况都搞不明白，连员工在工作中有哪些问题都看不出来的领导者，又如何能带领员工创造更好的业绩呢？

2. 随时对员工的工作进行评估

许多领导者平时对员工们的表现不做任何评价，只是在年终回顾绩效的时候才进行绩效评估，这种毫无预警的评价要么就毫无作用，不能让大家从讨论中获得任何益处，要么会让员工感到不满。

要避免这种情况，领导者最好随时对员工的工作进行评估。正如杰克·韦尔奇所说："做出评价对我来说无时不在，就像呼吸一样。在管理中，没有什么比这更重要。我随时都要做出评价——不论是在分配股份红利的时候，还是在提升谁的时候——甚至在走廊里碰到某个人的时候。"

随时对员工的绩效进行评估，这样员工既有足够的机会改善工作中的不足之处，领导者又可以顺便和员工讨论一下员工对绩效的努力目标，还能使员工在年终绩效评估时，不至于对结果感到意外，甚至怨气满天飞。

通过经常性的绩效评估，员工可以常常纠正自己工作中的缺点和不足之处，这是提高员工业绩的有力保障。

3. 不要过分重视员工是否满意

领导者在评估的时候往往神经比较"脆弱"，员工一旦有所不满就忐忑不安。虽然奖惩不是考核的目的，但是绩效评估结果的运用往往会触及部分员工的利益，没有人钱袋子瘪了还能开怀大笑，这时员工有所不满也属正常。这时，领导者应该做的就是要弄明白员工的不满到底来自哪个方面，是自己的工作没做好，还是其他的原因？而不是一味地重视员工满不满意。只一味地重视员工的满意度，就表示领导者只是一味地承认员工的成绩而忽略员工工作中的不足，在这种一味肯定成绩的企业中，员工的业绩是不会提升的。

管理智囊

评估是手段，不是目的，如果评估不能激发员工潜力，不能成为推动员工发展以及推动公司成长的驱动力，那就失去了其存在的意义。

绩效考核制度的内容和原则

一、绩效考核的概念

绩效考核是一种员工评估制度。它通过系统的方法、原理来评定和测量员工的职务工作行为和工作效果，它是企业管理者与员工之间进行管理沟通的一项重要活动。绩效考核的结果可以直接影响薪酬调整、奖金发放及职务升降等诸多员工的切身利益，其最终目的是改善员工的工作表现，在实现企业经营目标的同时提高员工的满意程度和成就感，最终达到企业和个人发展的“双赢”。

二、绩效考核的作用

绩效考核，作为人力资源管理的一项职能，可以为各项人事决策提供客观依据，是人力资源管理不可或缺的一个环节。其主要作用如下。

1. 有助于提高企业的劳动生产率和竞争力

衡量生产力的传统方式是考察员工工作成果的数量和质量、有没有按工作程序办事、上下班是不是守时以及出勤率、事故率等指标的高低。人力资源管理理论认为，衡量生产力的主要因素应该是员工的招聘、培训、任用、激励和绩效考核，并以绩效考核为核心。

企业要注重员工的工作绩效对公司生产力和竞争力所产生的重大影响，加强绩效管理，把通过提高员工工作绩效来增强各部门的产出效率看作增强本公司生产力和竞争力的重要途径。

2. 为员工的职务调整提供依据

员工的职务调整包括员工的晋升、降职、调岗，甚至辞退。绩效考核的结果会客观地对员工是否适合该岗位做出明确的评判，为人事决策提供依据或信息。

3. 为员工的薪酬管理提供依据

绩效考核结果最直接的应用，就是为企业制订员工的报酬方案提供客观依据。根据员工的实际业绩、成果决定其薪酬水平的高低，根据该员工业绩变化情况来确定薪酬调查。对于绩效好的员工给予奖励，感谢他们对公司所做的努力与贡献，同时激励他们能有更好的表现。对从事同类或相似工作的员工在业绩和报酬方面进行比较，合理评定各人的绩效，按绩效付酬。

4. 为培训工作提供方向

培训是开发人力资源的重要方式。培训开发必须有的放矢，才能收到事半功倍的效果。通过绩效考核，可以发现员工的长处与不足、优势与劣势，从而根据需要制订具体的培训措施与计划。一般来说，员工在工作上是否有好的绩效，可以从能力、动机及其他因素中加以探讨。因此，企业在发现员工绩效不佳的时候，应该找出问题所在，若是员工的能力不足，则应该给予充分且适当的培训，以增进员工的知识与技能。

5. 完善的绩效考核反映员工的贡献程度

目前，绝大多数企业的绩效考核制度都是一张表单适用所有部门及人员，而表单的内容往往只是粗略的几个问题和选项，这些制度和表单设计上的不完善，造成绩效考核制度常流于形式，缺乏信度和效度。因此，如何根据不同工作性质设计合适的制度，真实反映出员工绩效的高低，成为目前企业管理者亟待解决的问题。一套完善的绩效考核制度，不仅能鉴定出个别员工的贡献程度，还能找出员工绩效不佳的原因。

6. 有助于员工更好地进行自我管理

绩效考核强化了工作要求，使员工责任心增强，明确自己怎样做才能更符合要求。通过考核发掘员工的潜能，可以让员工明白自己该干什么、怎么干。通过绩效考核，使员工明确自己工作中的成绩和不足，可以促使他们在以后的工作中发挥长处，努力改善不足，使整体工作绩效进一步提高。若是员工的动力不足，则应该建立一套良好的激励制度来配合，以增加员工提高绩效的动机；若是其他外在因素造成员工的绩效不好，例如工作场所的环境干扰、工作所需的设备不足，则应协助员工排除障碍，使员工在更好的工作环境中达成工作目标。

三、绩效考核的内容

企业对员工的考核要从多方面、多角度着眼，进行立体的、多维的考核，主要包括五个方面：个人适应度、品德、能力、工作态度、工作业绩。

（1）个性适应度。指对员工就任某一职位是否与他的人品、性格、能力相适应。个性适应度的考核主要涉及两个层次的内容：一是人与工作，即人的个性、能力和工作要求是否适应；二是人与人，即合作者的人际关系和合作关系是否协调。

（2）品德。主要是指职业道德，包括纪律性、责任感和积极性等方面。

（3）能力。指专业能力，主要包括专业知识、业务技术、组织管理、开拓创新、能力开发、发展潜力等方面。

（4）工作态度。主要指员工在企业中的出勤情况以及奉献精神。对员工进行工作态度考核时要剔除员工自身以外的影响因素。

（5）工作业绩。是对员工工作质量和数量的考核，主要包括工作方法、成本、服务意识、部门主要工作目标以及完成效率等方面。

四、绩效考核的原则

根据国内外企业管理的实践经验，在绩效考核中应注意把握以下原则。

1. 定性与定量相结合原则

定性考核是指采用经验判断和观察的方法，侧重于从行为方面对人员进行考核；定量考核是指采用量化的方法，侧重于从行为的数量特点对员工进行考核。

在绩效考核过程中，定性考核是一种总括的考核，是一种模糊的印象判断，如果仅定性考核，则只能反映企业员工的性质特点；定量考核往往存在一些指标难以量化的问题，如果仅进行定量考核，则可能会忽视员工的质量特征，使得考核不完全。这就需要将定性与定量结合起来，实现有效的互补，对员工的绩效做出全面、客观的评判。

2. 过程公开原则

绩效考核的目的在于启动激励机制，激发员工的工作热情。因此，绩效考核的各项过程、各个环节必须向员工公开，其中包括绩效考核的内容和等次、考核的方法与程序、考核的评价与标准、考核的结果与使用，以及考核的机构与职责等。让员工对上述情况心知肚明，他们就会焕发出力争上游的责任感、紧迫感和危机感，使绩效考核达到理想的效果。

3. 积极反馈原则

考评的结果（评语）一定要反馈给被考评者本人，否则就起不到考评的教育作用。在反馈考评结果的同时，应当向被考评者就评语做出解释，肯定成绩和进步，说明不足之处，提供今后努力的参考意见等。

4. 客观、公平原则

公平是确立和推行绩效考核制度的前提。不公平，就不可能发挥考核应有的作用。

5. 定期化和制度化原则

企业的员工绩效考核是一种连续性的人事活动，因而必须定期化、制度化。绩效考核是对员工的过去和现在的考察，也是对他们未来的行为表现的一种预测。因此，只有将绩效考核系统化、制度化，才能较全面地了解员工的潜能，及时发现组织中的问题，从而有利于企业的有效管理和健康发展。

6. 结合奖惩原则

依据绩效考核的结果，应根据工作成绩的大小、好坏，有赏有罚，有升有降，而且这种赏罚、升降不仅与精神激励相联系，还必须通过工资、奖金等方式同物质利益相联系，这样才能达到考核的目的。

7. 可行性和实用性原则

可行性是指任何一次绩效考核方案所需要的时间、人力、物力、财力要为参与考核各方所处的客观环境所允许。因此，制订考核方案时要考虑以下因素：和绩效标准相关的资料及潜在问题的分析，预测在考核过程中可能发生的问题、困难和障碍，准备应变措施。

实用性是指绩效考核方案的设计要考虑到实际情况，即要从企业、职位、员工实际出发来设计考核方案。遵循实用性原则，在设计考核方案的时候要考虑下列因素：考核项目是否有助于组织目标的实现，考核方法和手段是否和相应的岗位以及考核的目的相适应。

五、绩效考核流程

绩效考核一般包括如下四个程序。

1. 制订绩效考核标准

绩效考核要发挥作用，首先要有合理的绩效标准。这种标准必须得到考核者和被考核者的共同认可，标准的内容必须准确化、具体化和定量化。为此，制订标准时应注意两个方面：一是以职务分析中制订的职务说明与职务规范为依据，因为那是对员工所应尽职责的正式要求；二是管理者与被考核者沟通，以使标准能够被共同认可。

2. 实施考核

将员工实际工作绩效与工作期望进行对比和衡量，依照对比的结果来考核员工的工作绩效。绩效考核标准可以分为许多类别，比如，业绩考核标准和行为考核标准等。考核时需从不同方面取得事实材料。

3. 绩效考核反馈

绩效考核反馈是指将考核的意见反馈给被考核者，方式包括两种，一种是绩效考核意见认可，另一种是绩效反馈面谈。所谓绩效考核意见认可，是考核者将书面的考核意见反馈给被考核者，由被考核者认可并签名。绩效反馈面谈，则是通过考核者与被考核者之间的谈话，将考核意见反馈给被考核者，征求被考核者的看法。考核者与其一起回顾和讨论工作绩效考核结果，通过分析，更好地理解对工作的改进，并共同探讨出最佳的改进方案。

4. 考核结果的运用

绩效考核的一个重要任务，是分析绩效形成的原因，把握其内在规律，寻找提高绩效的方法，从而改进工作。

管理智囊

绩效考核的目的在于启动激励机制，激发员工的工作热情，因此，绩效考核的各项过程、各个环节必须向员工公开。

利用淘汰制度的鞭策作用

一个民营企业的老板说：“我最大的问题就是员工办事不努力，一件要求达到 10 分的事情，通常只能办成 8 分。”我建议他把这样的员工换掉，他觉得，就算换一个人，也只是换成另一个“8 分办事者”。这是中国企业家普遍面临的问题。

解决的途径不是换掉员工，而是在员工被换掉之前，让他感到有被换掉的危机。管理者要对员工有选择权。管理者没有选择权，就没有权力可言。

因此，对企业来说，在必要的 30 个员工之外，再加 3 个储备人员，这是一件必要的事情。增加的这3个人，能够让其他30个员工随时感到有被换掉的压力。为什么有的企业常年在招人，虽然这样做会增加一些成本，却能让那30个人产生150%的动力。

更有一些激进的公司采用末位淘汰制。末位淘汰制是绩效考核的一种制度，指工作单位根据本单位的总体目标和具体目标，结合各个岗位的实际情况，设定一定的考核指标体系，以此指标体系为标准对员工进行考核，根据考核的结果对得分靠后的员工进行淘汰的绩效管理制度。

优胜劣汰，适者生存，这是大自然的生存法则，当然也适用于商场。生意场上，竞争无处不在，一个企业若想胜出，就必然要修炼好内家功，不断增强自己的实力，否则只能充当牺牲品。

SOHO中国的董事长潘石屹把“末位淘汰制”的意义进行了升华，实行对客户“末位淘汰”的制度。

到目前为止，SOHO中国的所有工程基本都采用公开招标的方式，潘石屹说这样做的目的是给所有施工单位平等的机会。

潘石屹说：“我们得到的好处是一栋楼从挖土到建成只用了18个月，创下高层塔楼建设速度之最。装修也是这样，我们以前是14个装修公司干活，现在是10个。30层高的楼，每一个装修公司分几层做，做完后由监理公司去考评，不行的‘末位淘汰’，然后再补充新的公司进来。”

装修是很让开发商头疼的事，但SOHO中国处理得很简单。就是用建设部和监理单位的规范来衡量，施工到一半时衡量一下用材各方面的指标，最后再检查一次。两次结果出来，第一名发奖金奖励，最后一名淘汰掉。有意思的是，有一个公司第一次被评上第一名，高高兴兴的，到第二次的时候成了倒数第二名，差一点被淘汰，所以赶紧做好。这就是市场充分竞争的好处。这种方式既简单又好用。

在 SOHO 中国，除了工程承包，材料的采购同样适用“末位淘汰制”。

“玻璃塑钢原来只用德国一家的产品，没有竞争机制，价格总也不让。所以又引进第二家，开始是我亲自谈，都是 10 块钱、5 块钱地谈。后来又进来第三家，都是 100 元、50 元地压价，局面立刻改变了。”潘石屹自豪地说。

SOHO 中国的建筑设计虽然都是请的国际设计大师，但是，潘石屹对这些大师采取的也是招标的办法。“我们的施工设计至少是三家竞争，如果是两家竞争不能排除偶然性，三家竞争就好多了。”潘石屹说。

对外如此，对内管理方面就更不必说了，引入竞争机制，让实力说话是潘石屹一直坚持的管理理念。

在企业管理中，碰到员工的各种让人恼火的事，不少老板喜欢简单粗暴的处理方式，不是不讲理，就是选择谩骂，或者直接冒充上帝宣布真理，结果都不理想，唯有制度，才能让员工心服口服，主动为公司做贡献。

管理智囊

优胜劣汰，适者生存，生意场上，竞争无处不在，若想胜出，就必然要修炼好内家功，不断增强自己的实力，否则只能充当牺牲品。

强化惩罚制度的震慑作用

与奖赏相对应的，惩罚也是一种管理手段。奖赏是正强化手段，即对某种行为给予肯定，使之得到巩固和保持；而惩罚则属于反强化，即对某种行为给予否定，使之逐渐减退，这两种方法，都是管理者驾驭下属不可或缺的。

惩罚作为一种常用的管理手段，管理者在对违反规章制度的人进行惩罚时，必须照章办事，该罚一定罚，该罚多少罚多少，来不得半点仁慈和宽容。这是树立管理者权威的必要手段，西方管理学家将这种惩罚原则称之为“热炉法则”，十分形象地道出了它的内涵。

“热炉法则”认为，当下属在工作中违反了规章制度时，就要像碰触个烧红的火炉一样，让他受到“烫”的处罚。这种处罚的特点在于：

（1）即刻性。当你一碰到火炉时，立即就会被烫伤。

（2）预先示警性。火炉是烧红摆在那里的，你知道碰触则会被烫。

（3）适用于任何人。火炉对人不分贵贱亲疏，一律平等。

（4）彻底贯彻性。火炉对人绝对“说到做到”，不是吓唬人的。

管理者必须兼具软硬两手，实施起来坚决果断。奖赏人是件好事，惩罚虽然会使人痛苦一时，但绝对必要。如果执行赏罚时优柔寡断，瞻前顾后，就会失去应有的效力。

要加强对下属的约束，须有强化纪律的书面规范，保证下属受到公平的对待，避免一时冲动而对他们进行严厉的惩罚。强化纪律有以下 4 个阶段：

第一次犯错，口头警告。下属必须知道他们哪里错了。你要记下给他们警告的时间、地点和周围环境。

第二次犯错，书面通知他们，并警告说下次犯错误会受罚，扣工资或者换工作。这封警告信一式三份，一份给犯错误的成员本人，一份给上司，一份存档。

第三次犯错，临时停止工作。根据你们达成的协议和错误的性质及程序，给予长短不同的停职时间，停发一切报酬。

第四次犯错，降职、降级，或者调换工作、开除。上述惩罚中，调换工作是最常见的，因为这样既可减少解雇给他们造成的打击，又可以使自己减少一个问题户。但要注意，除非你确认他的表现不佳，确系工作不对，换一个工作会使他干得更好，否则不要轻易这样做。调换工作部门之后，你要将该员工的资料全部移交过去。

管理者运用这些手段时，必须掌握两者不同的特点，适当运用。一般说来，正强化立足于正向引导，使人自觉地去执行，优越性更强，应该多用；而反强化，容易使员工造成对立情绪，故要慎用，将其作为一种辅助手段。

管理智囊

奖赏人是件好事，惩罚虽然会使人痛苦一时，但绝对必要。如果执行赏罚时优柔寡断，瞻前顾后，就会失去应有的效力。

CARRY OUT THE PLANS

第四章

先自律再管人，执行要有成功的领头人

做有感召力的魅力型领导

美国心理学家昂格和康南的魅力型领导理论把魅力视为一种归因现象，魅力型领导者往往具有远见卓识，自我牺牲性强，有高度的个人冒险倾向，能使用非常规策略，具备准确的情境估计能力，自信心强，善于使用个人物质权力等。

三年前，刘刚还是一名普通的技术主管，整天在生产一线奔波着，而现在，他已经晋升为一名工程部经理了，这让很多和他同时入职的同事羡慕不已。那么，到底是什么原因让刘刚晋升如此之快，得到同事们的青睐呢？

那次，公司的一个大客户因为某个产品的瑕疵而提出毁约要求，很明显，这一要求是无理的，因为这一瑕疵只是众多产品一个细小的部分，完全不会影响产品的使用。面对这种情况，销售部门的各个领导不知所措，便把责任推给了技术部门，技术部门的几个领导完全不知道如何处理这件事，只能任凭客户发脾气。这时，恰巧刘刚要向领导汇报工作，站在门外的他对客户的“嚣张跋扈”实在忍无可忍了，便推开门走进去，对客户说：“我从没有见到像您这样的客户，您要知道，我们技术人员也是人，在研发产品的时候，我们虽然已经尽力做到将误差降到最低，但不能保证零误差。事实上，难道您不承认，这些小问题的存在，根本不影响产品的使用吗？再说，我们已经答应为您延长半年的售后时间了。还有，我看您再也找不到第二家比我们给您的价格更优惠的了，不是吗？”刘刚的几句话令客户哑口无言，最后丢下一句："你不要忘了，我才是客户！"便离开了。大家原以为，接下来等待他们的是公司的训斥。但没想到，第二天，这位客户居然取消了毁约的要求。

此时，大家都感到莫名其妙，刘刚解释道："事实上，我们都清楚，这位客户完全是无理取闹，但他也是有目的的，那就是价格问题，他可能是道听途说，以为有更便宜的价格，于是，他希望我们降价。而我调查过，我们公司新研发的这个产品是同类产品中价格最低、误差最小的。那天，他丢下那句话便走了，我猜想他回去肯定也了解过，经过利益权衡后，他自然会接受我们的价格……"

听完刘刚的话，同事和领导们都投来赞许的目光，自此，刘刚成为同事和领导们关注的对象，他在公司中逐渐树立了威信。

技术人员刘刚为什么能做到让上级和下属都赞叹不已呢？这得益于这次特殊的机缘，在众人不知所措的情况下，他大胆地站出来，采取了众人不敢一试的方法，正是这种成功的非常规方法，让众人对其刮目相看。

心理学上把这样一种人格特质——神圣的、鼓舞人心的、能预见未来、创造奇迹的天才气质称为"感召力"，亦称"领袖气质"。具有这种气质的人对别人具有吸引力并受到拥护。具有此人格特质的领导者，称为魅力型领导。这种影响力不是建立在传统的职位权威上，而是建立在下属对领导者具有非凡才能的感知上。

一般来说，领导者的感召力包括：

1. 权力性感召力

这是一种强制性的影响力，指的是由企业和组织赋予的在领导者实行之前就已经获得了的要使被领导者服从的影响力。

这种感召力带有强迫性，它是通过外部压力的形式来对被领导者发生作用的，被领导者不得不服从。但实际上，这种影响力对人的作用也是有局限性的，甚至有消极意义。对此，列宁指出："保持领导不是靠权力，而是靠威信、毅力、丰富的经验，多方面的工作以及卓越的才能。"

2. 非权力性感召力

这种影响力是相对于权力性感召力而言的，指的是除社会分工之外，完全由领导自身素质所产生的感召力。

因此，非权力性感召力不带有强制性，并且它的影响是长远的、稳定的、广泛的。这一感召力来源于领导者的威信、毅力、经验和才能，它发生作用的范围不仅仅在被领导者的工作中，还会潜移默化地作用于他们的生活中。其目的仍然是实现领导者与被领导者思想意识和行为准则的相对一致。

"其身正，不令而行，其身不正，虽令不从"，非权力性感召力的有效性与权威性，在相当程度上起着决定性作用。

一个领导者若要使得自己具备感召力，需要做到以下几点。

1. 严于律己，以行动服人

出色的管理者在制定规章制度时，不会把自己排除在外，他们同样严于律己、身体力行、为人表率，用自己的实际行动来影响和带动身边的人。

2. 表里如一，为人正直

一个令人信服的管理者必须做到表里如一，为人处世正直、公正，不搞暗箱操作；也不会当面"抹蜜饯"，背后"捅刀子"。

3. 惜才爱才，关爱下属

深得下属信任、尊敬的管理者一般都善于尊重和关爱下属，他们往往视同事如“兄弟”，懂得怎样去珍惜和爱护与自己朝夕相处、共同拼搏的“战友”，这样，一旦下属走进组织，就会有一种“如家”的感觉，无形中也让大家更积极、更主动地为企业效力。

4. 善于学习，谦虚谨慎

优秀的管理者一般都是善于学习的，他们不会满足于现有的知识和技能，为了充实自己的管理资本，他们往往谦虚谨慎，乐于向自己的上司、同事和下属等学习。

5. 甘于忍让，对人宽容

令人信服的管理者在为人处世上，往往更懂得将心比心，他们心胸宽广，总是考虑到他人的难处。

具有这种特征的管理者往往易于形成良好的人际关系，并能在需要时，得到别人最真诚的支持和帮助。

总的来说，一个具有感召力的管理者，是一个团队的核心，是团队中每个人效仿的对象；一个具有感召力的管理者，能够鼓舞团队中每个成员的士气，充分调动个人所长及每个成员的主观能动性；一个具有感召力的管理者，可有效影响整个团队的发展。

管理智囊

魅力型领导者往往具有远见卓识，自我牺牲性强，有高度的个人冒险倾向，能使用非常规策略，具备准确的情境估计能力，自信心强，善于使用个人物质权力。

收起严肃态度，实行微笑管理

人际关系大师卡耐基说："做一个真诚微笑的人，微笑会让人觉得你非常友善，他会明白你的心意：我喜欢你，你使我快乐，我很高兴见到你。"微笑可以使你变得随和，可以使人喜欢你，所以，一流的管理人员都经常面带微笑。

微笑的力量是巨大的。笑容能照亮所有看到它的人，像穿过乌云的太阳，带给人们温暖。可以说，微笑是世界上最美的行为语言，虽然无声，但最能打动人；微笑是人际关系中最佳的"润滑剂"，无须解释，就能拉近人们之间的心理距离。

威廉·史坦哈是纽约证券市场上的一个成功者，他说他年轻时是个讨人嫌的家伙，他脸上没有微笑，不受人们的欢迎。后来他决心在脸上展现开朗的、快乐的微笑。于是，第二天早上梳头时，他对着镜子中满面愁容的自己下令："你得微笑，把脸上的愁容一扫而光；现在立刻开始，微笑。"于是，史坦哈转过身来，跟他的太太打招呼："早安，亲爱的。"他对她微笑，她怔住了，惊诧不已。史坦哈说；"从此以后你不用惊愕，我的微笑将成为寻常的事。"

过了两个月，史坦哈每天早上都对妻子微笑。结果怎么样呢？这样做改变了他的生活，两个月中他在家中所得的幸福比以往一年还要多。

接下来，史坦哈对大楼的电梯管理员微笑，对门廊里的警卫微笑，对公司里的出纳小姐微笑。当他在交易所时，他对那些从未见过的人微笑，于是他发现每一个人都对他报以微笑。史坦哈带着一种轻松愉悦的心情去同一些满腹牢骚的人交谈，一面微笑，一面倾听。过去很讨人嫌的他，变成了一个受人欢迎的人；过去很棘手的问题，现在变得容易解决了。

毫无疑问，微笑给史坦哈带来了许多的方便和更多的收入。从此他快乐、富有，拥有友谊与幸福。

一颗懂得感恩的心、一个甜美的笑容、一句简短的问候，尽管都是最细微不过的表现，但日久天长，它们带给你的回报会远远超出你的想象。

美国著名企业家吉姆·丹尼尔靠一张笑脸神奇般地挽救了濒临破产的企业。丹尼尔把“一张笑脸”作为公司的标志，公司的徽标、信笺、信上都印上了一个乐呵呵的笑脸。他总是带着微笑往来于各个车间，执行上司的命令，进行自己的管理。结果，员工们渐渐被他感染，公司在几乎没有增加投入的情况下，效益提高了80%。公司员工友爱和谐、同心同德，公司的信誉和形象有了很大的改变，客户盈门，生意红火，不到5年，公司不仅还清了所有欠款，还盈利丰厚。当领导者对事业充满信心，并在工作中保持心情舒畅，以微笑进行管理时，企业的员工必定精神振作，任何困难都将不在话下。从领导者角度看，企业实施微笑管理，可以表现领导者的宏大气度及平易近人的风格。出现矛盾时，微笑可以使双方恢复理智，化干戈为玉帛；当员工创造出良好业绩时，领导者的微笑代表了肯定和赞许，员工能从中受到鼓舞，获得力量，并焕发出更高的工作热情。那么，领导者应该如何做到微笑管理呢？

1. 言情一致。领导在与下属进行工作交谈时，不论遇到什么问题，一定要冷静处理，语言与表情要保持一致，尽量用微笑替代僵硬的表情。当表扬员工的工作成绩时，口头赞许并加以微笑，可以激发员工的士气。

2. 以关心的态度处理工作中的矛盾指导工作时，领导一定要放下架子，学会扮演教练和朋友的角色。不要以命令式的口吻进行交谈，错误地以为脸色越沉，声音越大，威信就会越高，这样做的结果往往适得其反。

3. 切忌当众严词批评与指责下属，这样做只会把事情搞得更糟，会伤害员工的自尊心，造成员工工作心情不佳，出现逆反心理或懈怠行为。领导者应经常把微笑挂在脸上，微笑会感染每一位员工，使原本紧张的工作气氛变得轻松活泼起来。员工心情愉悦，就会愉快地接受各项指令，工作效率也会随之提高。

微笑可以让领导与员工之间更容易沟通，可以使企业形象更深刻地印在客户的脑海中，能够为企业带来意想不到的收获。很多领导者一直提倡实施“微笑管理”。他们认为，不论是服务业还是其他行业，这种积极的工作氛围才适合员工工作。如果企业内部的人际关系像钢铁般冷漠，后果将是员工之间钩心斗角，企业形象必定会大打折扣，更不要谈盈利了。

管理智囊

微笑可以让领导与员工之间更容易沟通，可以使企业形象更深刻地印在客户的脑海中，能够为企业带来意想不到的收获。

“架子”也是一种艺术性的管理方法

领导的“架子”绝不是一个简单的道德问题，它还包含相当的领导艺术的奥妙，更有着心理学上的微妙含意。

提起领导，多数人的感觉是“架子大”“官气十足”。而且人们总是习惯用“架子大”来形容某些领导者脱离群众，目中无人。但是我们要说，“架子”绝不仅仅是一个消极、负面的东西，而有着它积极且微妙的意义，成为许多领导管理下属的一种十分有效的艺术性方法。

许多领导还喜欢通过“端架子”，从而使自己显得比较神秘。因为领导处于各种利益、各种矛盾的焦点上，他若想实现自己的目的，就必须懂得掩藏自己，使自己的心机不被窥破。如果下属很容易就揣摩到上司的心理，他就很可能利用这点来达到自己的某种目的，从而危及或破坏上司意图的实现。而不暴露自己的最好办法莫过于与下属保持一定的距离，使自己增加一点神秘感。

曾有政治学家论证说，一般人都有服从权威的倾向。而领导者通过得体的“架子”而表现出来的自信心、意志力、傲视群雄的态度以及凌驾于众人之上的气势则有助于增加自己的权威，使自己显得更有魅力，显得更像领导者，更能从形象上唤起别人的敬佩和好感。

可见，领导者的“架子”绝不仅仅是为了炫耀，还是一种因为害怕下属而采取的防范性措施。

“架子”其实可以理解为一种“距离感”。许多领导正是通过有意识地保持与下属的距离，使下属认识到权力等级的存在，感受到上司的支配力和权威。而这种权威对于领导巩固自己的地位、推行自己的政策和主张是绝对必需的。如果领导过分随和，不注意树立对下属的权威，下属很可能就会因为轻慢上司的权威而怠惰、拖延甚至是故意进行破坏。所以，领导通过“架子”来显示自己的权力，进而有效地行使权力是无可非议的，对于上司很好地履行自己的职责也是十分必要的。

管理智囊

“架子”其实可以理解为一种“距离感”。许多领导正是通过有意识地保持与下属的距离，使下属认识到权力等级的存在，感受到上司的支配力和权威。

找到那颗闪耀的指路之星

他山之石，可以攻玉。在成长为优秀领导者的过程中亦是如此。指导者就是一个向导，他们在自身发展的道路上往往走得更远，能对自己的发展有一个清醒的认识，并能给予他人以帮助和支持。一般而言，自己总是自己大方向上的指导者，因为你对自己最了解。但是为了避免“不识庐山真面目，只缘身在此山中”的问题，你必须寻求另外一位指导者，以求在小的方面随时准备向他求教，寻求完善自我的方法，使自己发展成为一名优秀的领导者。这个指导者可以来自你的组织内部，也可以来自组织外部。在你计划自己的领导能力和水平时，他会给你提供咨询，还可根据他们自己的经验向你提出建议，帮助你清醒地认识到自己如何才能成为优秀领导者。

威廉·詹姆斯说过，聪明的人总是用别人的智慧填补自己的大脑，而愚蠢的人则是用别人的智慧干扰自己的情绪。所以，作为一个领导者，学会怎样向他人学习，利用他人的长处发展自我也是十分必要的。我喜欢用小溪汇入河流这个比喻。你可以让他人的小溪顺着流向和水势，毫不费力地汇入自己所欠缺的性格河流中，小溪可能也就由此改变了河流的流向。所以当你想要改变河流的流向时，不要妄图建起大坝来阻断它。有时候，河流在过了大坝后又能轻而易举地重新回到原来的河道，纵使大坝非常高大坚固，河流无法重新回到它原来的河道，但是结果却是大坝的上游和下游的生态环境遭到严重的破坏。因而我们不如因势利导，利用别人的小溪将自己的河道改变，这样河流就能自然变向。

他们会给你做职业指导，帮你进行领导者职业生涯规划，设计实现目标的计划，等等。他们同样会通过定期的评估，不断给你支持和鼓励，帮助你坚持完成成功领导者的发展计划。指导者亦可以解决你在领导工作中遇到的问题。当然，你也可以把在领导工作中的成功和进步带来，你的指导者亦会理解你，并和你一起分享幸福和喜悦。你有指导者吗？如果没有，你可以为自己找到能像这样帮助你的人吗？如果你在领导发展中从来不用指导者来支持你，那么值得你考虑的是，你能用什么别的方式来支持你自己吗？你的垂直领导者支持与鼓励你吗？你该怎样来确保自己在领导力发展过程中得到支持和鼓励？你是否有个朋友也在向同一个目标前进？如果是这样的话，你们两个就可以互相帮助、互相支持。在事情停滞不前的时候，大多数领导者都需要用某种方式的支持来帮助自己渡过难关，继续下去，用积极的回馈来坚定成为优秀领导者的决心。

以上一系列追问，充分说明在我们前进的路上，在成长为优秀领导者的路上，大都要有一颗能时时为自己指明方向的明星。找到一个好的学习榜样，就可以对自己的未来多了一份信心，对成为优秀领导者多一份保证。

管理智囊

聪明的人总是用别人的智慧填补自己的大脑，而愚蠢的人则是用别人的智慧干扰自己的情绪。

以身作则，用积极正确的示范做向导

领导的行为对下属产生着巨大的激励作用，正如俗话所说的，“强将手下无弱兵”。领导的表率作用永远是激励员工最有效的方法。

一个领导者只要端正了自身，做到以“理”服人而不是以“权”来压人，管理的工作就容易多了。《论语》中说：“苟正其身矣，于从政乎何有？不能正其身，如正人何！”孔子认为领导者必须自身修正，如果自身不修正，只靠领导的权威，下属也是很难服从的。

但在实际工作中，很多领导者为了达到管人的目的，总是费尽心机制定出若干规章制度，要求员工去遵守，却把自己排除在这些制度之外。如果领导者能够率先示范，能以身作则地努力工作，严格遵守自己制定的各种规章制度，那么这种以身作则的精神就会感染下属，从而在团队里形成一种积极向上的态度和良好的工作氛围。

电视剧《亮剑》深受广大观众的欢迎。剧中主人公李云龙每次冲锋陷阵都在最前面，指战员们很担心他的安危而责怪他。李云龙却说："如果我不带头冲锋在前，那么战士们怎么会毫不犹豫地奋勇作战呢？"李云龙正是以这种以身作则的激情去影响着每一个战士。

很多领导者对下属的工作状态不满，每日为下属的状态发愁。与其天天为员工的消极状态而愁眉不展，倒不如自己拿出激情，身先士卒一心一意地工作。只要自己尽全力专注地工作，带头遵守相应的规章制度，做好团队的榜样，那么，领导者必能感动下属，将工作的热情传递给下属，使他们积极地工作。

领导者能身先士卒，以积极正确的示范做导向，就可以调动员工的积极性，激发他们努力向上的干劲；相反，如果领导者持一种消极、观望的态度，自己不率先示范，只是督促员工的工作，势必削减员工的工作热情，使员工对领导的行为产生抵触情绪，进而对企业的发展前途失去信心。

管理智囊

领导者能身先士卒，以积极正确的示范做导向，就可以调动员工的积极性，激发他们努力向上的干劲。

有规必行，有禁必止

许多员工把规章制度等规范看作企业的需要，却没有认识到其更重要的一面：规则和制度更是个人成长的平台。所以中层领导一项很重要的任务就是让你的员工意识到严格执行制度的重要意义：如果希望企业发展，不仅要学会在制度的约束下成长，更要学会利用制度给予的资源发展自己、提高能力。应该让员工习惯在制度下工作，并告诉他们，这是一种职业纪律，更是一种职业技巧，因为公司常常会通过制度把资源和荣誉给予员工，如果你与制度格格不入，那些资源和荣誉就不会与你有缘。有关这一点，有这样一个反面的案例：

在美国杜邦公司曾经有过一位比较有个性的销售员——迈克。

迈克的自信与能力总能够使他很快从一线队伍中脱颖而出。在他曾经工作过的一些企业中，他都能够取得不错的业绩。但是在工作中，迈克特别讨厌填写各式的“申请”“报表”，尤其特别厌恶企业提倡的“数据分析”“流程表”等。他认为：销售业绩决定一切，客户第一，自己第二，公司第三。迈克也不喜欢参加各种会议，实在脱不开时，也是坐在最后一排想自己的事；他不愿意总结自己业务方面的经验教训，更不屑于学习别人好的经验；对于领导安排的事情，或忘记或不做；企业需要他回复，需打电话给他才有回音。杜邦是一家有着近百年历史的“军工”出身的企业，作风严谨得近乎死板，注重行为规范，他们希望公司每一个部分都是可控的，甚至希望每一个销售员的每一天是可控的。迈克有一定的工作能力，也许是恃才傲物，或者是个性问题，导致他的个人风格与企业的管理制度大相径庭。当同时进入企业的同事不断被提拔的时候，他只好选择了离开。我们可以清楚地看出，这种情况的出现完全是迈克自己轻视规则造成的。

目前，在许多企业中，像迈克这种类型的员工有很多。但是在现代企业制度下，仅有个性和能力是不够的，企业需要的是能与企业文化相融的员工，员工只有以企业文化、制度为前提，充分发挥自己的才能，才能茁壮成长。在这个世界上，每一个人都必须学会执行各种规章制度。不论你身在什么样的机构，也不管你的地位有多么高，都应该树立一种整体观念。

一个人的成败，在很大程度上取决于你是否学会了真正地执行各种规章制度。执行各种规章制度应该成为每一个员工所必须具备的第一美德。作为身担重任的中层领导，应善于把上述思想或理念灌输到下属的心中去。如此，你的个性魅力才会增加，你的领导力才会增强，你的号召力也自然会得到良好的执行或响应。须知，没有员工执行各种规章制度，企业任何绝佳的战略和设想都是空谈；没有员工执行各种规章制度，任何一种先进的管理方式和理念都无法被建立和推广下去；没有员工执行各种规章制度，任何一个精明能干的领导都无法施展其才能。一个高效的部门必须有良好执行各种规章制度的观念，如此，才能发挥出超强的执行能力，使团队胜人一筹。

游戏要有游戏的规则，做人要有做人的原则。古语“无以规矩，不成方圆”，就很好地说明了规矩的重要性。军队的战斗力来自铁的纪律，企业的战斗力和生命力来源于各级人员良好的精神面貌、崇高的职业道德和严格的规章制度。如果缺乏明确的规章制度、流程，工作中就非常容易产生混乱，一旦有令不行、有章不循，按个人意愿行事，就容易造成无序和浪费，这是非常糟糕的事。

管理智囊

应该让员工习惯在制度下工作，并告诉他们，这是一种职业纪律，更是一种职业技巧，同时，要善于把上述思想或理念灌输到下属的心中去。

做好工作追踪，实现目标管理

追踪管制是目标执行过程中不可或缺的环节，它不是对下属工作的简单监视与部署，也不是对其行动进行严厉控制，而是协助下属解决在目标执行过程中所遇到的困难，使其处于工作的正常轨道上，按时保质地完成任务。

德鲁克大师的目标管理在全球普及甚广，但实施中却有很多企业走形变样，其中一个痼疾就是工作追踪很差，如果没有工作追踪，目标管理也就只剩下了美丽的外壳。

根据管理大师德鲁克的观点，目标管理所要达到的两个核心目的，一个是激励，一个是控制。通过设定目标对整个组织的行为进行控制，从这个意义上讲，那就不光是设定目标，而是要使整个组织把各种资源调动起来，围绕目标往前走，这就需要不断地对工作进行追踪。如果发生了偏离，通过工作追踪及时对这个偏离的情况进行评估，然后把这个信息进行反馈，并采取一定的措施，保证我们的目标能够按照原来的设定实现。

那么，如何进行工作追踪呢？领导可以根据工作追踪方法，进行下面的工作。

（1）衡量工作进度及其结果。

（2）评估结果，并与工作目标进行比较。

（3）对下属的工作进行辅导。

（4）如果在追踪的过程中，发现严重的偏差，就要找出和分析原因。

（5）采取必要的纠正措施，或者变更计划。

有的经理认为工作追踪应以下属的工作表现为主，每天都能保证不迟到、不早退，在领导视野所涉及的范围内勤奋工作的就是好员工，问他们这样做的理由，他们会说："我就看到某某工作认真了，所以他就是好员工，某某人我从来没看见他干什么。"

实际上，因为经理的精力有限，不可能对所有下属的工作表现都凭着主观的感觉走。一方面，造成工作追踪的片面性；另一方面，很可能伤害到其他员工的感情，从而起不到工作追踪、进行阶段性工作评价的作用。到头来，没有人再去重视这个过程。因此，工作追踪应当着重客观性的标准——工作成果，同时也要兼顾主观性的标准——工作方法和个人品质。

工作追踪是在给人充分授权的情况下，让下属在按照自己的想法做事情的基础上所进行的追踪。而且，工作追踪不是干涉，不是说你来替下属做决定、给下属支招，而是对下属的工作做出一个目标完成情况的评价。

目标管理要想起到一个激励下属的作用，关键就是你让下属按照自己的想法做事情。如果决策都让你一个人做了，那就不叫工作追踪了，更不是目标管理了。

工作追踪第一步：搜集信息。

搜集信息现在主要有这样几种途径和方式。

（1）建立定期的报告、报表制度。很多公司销售部门、生产部门的定期报告制度要好一些，甚至连值班日志都已经很规范了，但其他大多数部门可能就是以口头汇报为主，这是不行的，一定要制定严格的报告、报表制度。

（2）定期的会议。

（3）现场的检查和跟踪。

这些工作就方法而言，并不复杂，关键是要能细致并且不断坚持。

工作追踪第二步：给予评价。

在进行工作追踪进行评价时要注意以下 4 个要点。

（1）要定期地追踪。管理者有时候工作一忙，就顾不上去了解下属的工作情况，而一旦形成三天打鱼、两天晒网的习惯，下属的工作就有可能渐渐松懈。对下属工作追踪要养成定期的习惯，同时让下属也感到主管有定期检查的习惯，这是非常重要的。

（2）分清楚工作的主次。管理者的事务很多，不可能事事追踪，因此一定要分清事情的主次，对重要的事一定要定期检查，而次要的事则不定期抽查。

（3）对工作进行评价。工作评价的一个重点是看目标是否偏离，有时候是与目标有差距；有时候是具体方法的差异；有时候看上去业绩实现了但目标实际上是偏离了，就像前文所述分公司的例子。如果评价发现目标有偏离，就要及时把它拉回来。

（4）避免只做机械式的业绩和目标的比较，应当发掘发生偏差的原因。在分析偏差时，必须首先分清哪些是下属无法控制的因素引起的。比如分配去做市场调研，但是经费迟迟无法到位，下属无法找到足够的调研员，从而延误了时间。其次还应分清哪些因素归因于下属本人，比如由于下属工作不得力造成销售额没有完成。正确地分清这两类原因，就可以有针对性地采取相应的措施。

工作追踪第三步：及时反馈。

经理必须定期地将工作追踪的情况反馈给下属，以便下属做好以下工作。

（1）知道自己表现的优劣所在。

（2）寻求改善自己缺点的方法。

（3）使自己习惯于自我工作追踪及管理。

如果发现下属目标达成得不理想，那么可以提建议。有的下属，当你指出他的工作偏离了目标，他能够很快地意识到这一点，根据主管的建议去进行调整。另一种方式就是强行把目标拉回来。

不论采用哪种方式，都必须做到及时反馈，这样坚持的时间长了，大家就会发现，凡是偏离公司目标的事情是绝对不允许的，这就在公司内形成了一个基本的职业原则。既激励大家去完成目标，又威慑那些有可能故意偏离目标的人。

管理智囊

工作追踪是在给人充分授权的情况下，让下属在按照自己的想法做事情的基础上所进行的追踪，不是干涉，不是替下属做决定、给下属支招，而是对下属的工作做出一个目标完成情况的评价。

授权于下属，不做专权的孤家寡人

所谓授权就是领导者自己一定的职权授予下属去行使，使下属在其所承担的职责范围内有权处理问题，做出决定，为领导者承担相应的责任。

在现实生活中，善于授权、发挥下属积极性的领导者越来越多了。但是，也确有个别领导缺乏用人的气度，他们奉行的是“武大郎开店”的哲学——凡是我的部下，才能都不能比我高，否则就想方设法地加以排斥，或借机给“小鞋”穿。这些领导者应该借鉴历史的教训，因为凡排斥才能高的人，自己只能成为孤家寡人，最终蒙受损失的还是自己。

一句话，就是领导者将不必事事亲自做，下属可以完成的事情交给下属去完成，这样才能成为一个有效的领导者。授权有以下非常重要的作用。

首先，授权是领导者抓大事、管全局的需要。

领导者之所以必须授权，这是由人的体力、精力所决定的。人在成年之后随着年龄的增长，体力要逐渐减弱，精力、智力和能力也会逐渐衰退。管理学家研究的结果表明，一个人的体力和精力是有限的，多数人在限度之内工作能出速度、出成绩，能够胜任；当任务超出了能够承受的能力范围后，工作起来往往有力不从心之感，经常会顾此失彼。所以管理学家主张在同一时间内只做一件事。而事实上，需要领导者处理的事情很多很杂，常见一些单位的领导者"两眼一睁，忙到熄灯"，结果成了忙忙碌碌的事务主义者。如何解决领导者工作任务多、工作时间少的矛盾呢？行之有效的办法是授权。领导者只对直接下属行使一定的权力，不包办代替和越级处理问题。这样领导者就能够节约一定的时间，用于了解情况，进行学习，联系群众，静心思考一些大事。

其次，授权是贯彻分层管理原则的需要。

只有授权，才能贯彻分层管理的原则，实行科学管理。

现代化建设事业是纷繁复杂的事业，头绪多，范围广。在任何单位的工作中，不仅有着各项重大任务，而且有许多具体事务性工作。有些事情非常紧急，迫在眉睫，必须当机立断，及时去办；有些事情突然到来，不办不行，必须妥善安排；有些事情必须上下结合，共同去办。作为领导者，不可能也没有能力去总揽一切事务，必须把许多工作交由下属办理。领导者交给下属任务时，必须授予下属一定的权力，做到明责授权、事权分清。这就必须建立起合理的管理层次，并正确处理层次之间的关系，精心设计职位，再根据职位任职授权，实行分层领导。否则，有些人就会遇到矛盾绕着走，出现相互扯皮、相互推诿的不正常现象，致使任务很难完成。因此，授权是现代化建设事业所决定的，是管理工作的客观要求。

事实上，一个领导者要做到大事小事都办得很好，很不容易，也不可能。重要的是领导者要有全局观念和战略眼光，任何时候在大事面前都不糊涂。“议大事、懂全局、管本行”，这是所有领导者在工作中应该遵循的一条原则。古罗马的法典中规定：“行政长官不宜过问琐事。”一个有成效的领导者应该是一位善于有效授权的领导者。领导者能不能分清和正确处理大事与小事，有无勇气大胆授权，是管理工作有无成效或成效大小的关键所在。

我国古代的军事名著《孙子兵法》在讲“制胜之道”时指出：“将能而君不御者胜。”就是说将帅有指挥才能而国君不加牵制的便能打胜仗。汉高祖刘邦本来只能带兵十万，而他的部下韩信却“多多益善”，刘邦能够正确运用韩信的长处，授予他兵权而不加牵制，因此韩信能率百万大军，战必胜，攻必克。这些告诉我们，如果下属有能力去执行任务，领导者应赋予他们一定的权力，不干预或牵制他们的行动。只有这样，领导者才可以充分调动下属的积极性，发挥下属的才能，才有利于领导工作预定目标的完成。

最后，授权是调动下属积极性的需要。

随着现代化建设事业的发展，被领导者已不再是小生产式的体力劳动者，而是具有现代化科学文化知识的脑力劳动者了。就是直接从事生产的工人中也有许多人的劳动带有脑力劳动的因素。体力劳动可以按照简单命令行事，劳动效果也容易考核。脑力劳动者就不同了，他们主要是运用知识和智力，这些人的积极性不是靠简单的命令就可以调动的。如何调动他们的积极性，使他们自觉地为共同目标而奋斗，是现代领导者提高工作成效的一个关键。当然调动下属积极性的方法很多，如良好的思想工作、民主的领导作风等。然而授权是一种有效的方法。现代管理工作尤其强调职、责、权、利相统一的原则。有责无权同有权无责一样，都会导致管理与领导工作的混乱，影响管理与领导工作的效果。

管理智囊

领导者应赋予下属一定的权力，不干预或牵制他们的行动，同时，要学会只对直接下属行使一定的权力，不包办代替和越级处理问题。

确立目标并提供执行方向

曾经有人做过这样一个实验：组织3组人，让他们沿着公路步行，分别向10公里外的3个村子行进。甲组不知道去的村庄叫什么名字，也不知道它有多远，只是被告知跟着向导走就是了。这个组刚走了两三公里时就有人叫苦了，越往后人的情绪越低落，溃不成军。乙组知道去哪个村庄，也知道它有多远，但是路边没有里程碑，人们只能凭经验大致估计需要走两小时左右。这个组走到一半时才有人叫苦，大多数人想知道他们已经走了多远，比较有经验的人说："大概刚刚走了一半儿的路程。"于是大家又簇拥着向前走。当走到3/4的路程时，大家情绪低落，觉得疲惫不堪，而路程似乎还长着呢！而当有人说快到了时，大家又振作起来，加快了脚步。丙组最幸运。大家不仅知道所去的是哪个村子，它有多远，而且路边每公里都有一块里程碑。人们一边走一边留心看里程碑。每看到一个里程碑，大家心里便有一阵小小的快乐。这个组的情绪一直很高涨。走了七八公里以后，大家确实有些累了，但他们不但没有叫苦，反而开始大声唱歌、说笑，以消除疲劳。最后的两三公里，他们越走情绪越高，速度反而加快了。因为他们知道，那个要去的村子就在眼前了。

这个实验说明当人们的行动有着明确的目标，并且把自己的行动与目标不断地加以对照，清楚地知道自己行进的速度和不断缩小达到目标的距离时，人的动机就会得到维持和加强，就会自觉地克服一切困难，努力达到目标。

目标是行动的纲领，是行动的指南。就目标的类型来说，有大目标，有小目标；有长远目标，有短期目标；有总目标，也有分目标。为此，部门制定目标并细化目标是中层领导做好执行工作的关键所在。

中层领导作为一个部门的“头儿”，他的职责是统一全体成员的意见和行动，为他们确立目标并提供执行的方向，并将公司的长期目标转化为让自己部门的员工可以执行的具体目标，并为集体中的每一个人指明方向。

那么，怎么确立目标呢？

1. 要达到目标，就必须明确重点，帮助员工把握要点。如果偏离方向，就要及时予以纠正。

2. 切记宜少而精。

3. 集中精力主攻与公司的使命有密切联系的目标。不要想着去攻克那些富有挑战性的、有意思的但与公司的神圣使命相差甚远的目标。

4. 分清主次。由于时间有限，所以最好选几个与公司宏伟规划相关的目标去攻克，而不是抓一大堆无关紧要的目标。

5. 定期审视、评估已确立的目标，有助于审视这些目标是否仍和公司的远大规划保持一致。

管理智囊

中层领导要将公司的长期目标转化为让自己部门的员工可以执行的具体目标，并为集体中的每一个人指明方向。

敢于承认错误的领导更值得信赖

在现实生活工作中，人不可避免地会犯错误，老板也是如此。可是对一些老板来说，承认错误却是件非常不容易的事情。他们总是用各种方式掩饰自己的错误，给自己找托词，或者在掩盖不住自己的错误、实在没有办法的时候才被迫承认错误。

任何人都可能会犯错，能否正视错误、改正错误是衡量一个人是否值得信赖的重要标准。只有敢于承认错误的人才能获得别人的信赖。老板在工作中难免会有失误，有了失误不可怕，只要敢于负责，及时解决失误就是了。实践证明，只要承认错误、改正错误，老板的威信不仅不会降低，反而会更高。若在失误面前躲躲闪闪，推三阻四，甚至埋怨他人，那么，他的威信就要扫地了。

春秋战国时期，秦穆公是秦国的一代仁义之君。他为了向东扩张势力，派三员大将带兵偷袭郑国。由于郑国离秦国较远，当时秦国的谋士蹇叔劝秦王说："长途奔涉，士兵们肯定在未到郑国时就已疲惫不堪。况且，浩浩荡荡的大军去偷袭，郑国又怎能没有准备呢？"

秦穆公不听蹇叔的意见，坚决进攻郑国。蹇叔于是号啕大哭，因为他已料到秦国必败。而他的儿子正是三员出征大将之中的一个。

果然，郑国大商人弦高在途中遇到秦军，当他得知秦军要攻打郑国时，一面找人急速报于郑国，一面犒劳秦军，并对他们说："你们三路大军奔波这么远，浩浩荡荡，影响那么大，郑国早有准备了，你们恐怕不可能偷袭成功。"

秦军三员大将觉得弦高言之有理，以疲惫之师去攻打以逸待劳的郑国，肯定会损失惨重，于是开始撤退。但是在归途中，却遭到晋军的偷袭，结果秦军全军覆没，三员大将也被俘虏了。

当秦国三员大将历经千险万阻，逃命回到秦国时，秦穆公披着缟素（孝衣），到郊外三十里迎接他们，哭着说："委屈你们了，这一切都是我的过错啊！我不该不听蹇叔的话，而坚决让你们进攻。你们哪有罪啊？"

秦穆公勇于承认自己的错误，正是一代仁君风范的表现。他这样做丝毫无损于他的威信。相反，却让他的将士们更加信服他，更加愿意为他效劳。

勇于认错是优秀老板必须具备的品德和修养。有了错误，及时纠错，能够将错误所带来的损失降到最低限度。反之，一味地掩饰和执拗，越抹越黑，越走越错，结果只能是失败。

作为一名老板，知错就改的自我纠错精神在工作中相当重要。一旦认识到自己错了，是坚持错误，将错就错，还是及时地改弦易辙，纠正错误，其结果是完全不同的。坚持错误，肯定会失败；而及时纠错，无疑能挽回损失。

勇于认错不仅是一个老板应有的素质，也是一种难得的品德。

许多开明的老板都坚持认为，承认错误是勇敢的表现、诚实的表现，不但能融洽人际关系、创造平和的氛围，而且能提高自身的威望、增进下属的信任。

2001 年，美国戴尔公司有半数员工包括公司辛苦培养出来的许多技术骨干先后跳槽，这对戴尔公司来讲无异于一场灾难。于是，公司 CEO 迈克尔·戴尔下令调查，而结果大大出乎他的意料。原因竟出自戴尔本身，多数员工认为他不近人情、感情疏远，对他没有强烈的忠诚感。结果反馈上来之后，戴尔进行了认真的反思。在一周之内，他向手下 20 名高级经理认错：承认自己过于腼腆，有时显得冷淡、难以接近，承诺将和他们建立更紧密的联系。当众认错的场面还录了像，并把现场录像发给了公司里的每一名经理，一共数千人。大家对“极度内向”的戴尔公开反省感到非常震惊，对他的成见顿时消减殆尽，一场人事危机随着迈克尔·戴尔的认错悄然化解。

“人非圣贤，孰能无过？”敢于认错，这是一种工作作风，也是一种心态。想要当一个合格的老板，就该具备认错的勇气，越快认错，越能赢得下属的谅解和支持。

领导为什么要敢于承认错误？第一，做了错事就会有损名誉，不光是个人名誉，还会影响公司名誉。所以必须承认错误，并通过道歉来恢复名誉。第二，认错可以重新凝聚团队。作为一个老板，你做错了，大家会有意见，会有反感，通过道歉你可以把大家重新凝聚起来。第三，道歉可以对外修复关系。除了个人威望，集体凝聚力得到恢复，对于外部关系受到损害的部门，认错也可以缓冲与对方的紧张关系，甚至重塑关系。第四，承认错误、进行道歉是一个人的美德，这个美德会让你拥有自我的和谐。有些人面对错误始终狡辩，其实他心里是很难过的，他一直生活在自己错误的阴影里。你承认错误了，给了自己一个平衡，别人也会对你更为尊重。

人无完人，每个人都难免会犯这样那样的错误。我们对待自己错误的态度，决定了我们在别人眼中的形象。一个人有闻过则喜的胸怀，不仅不会失去威信，相反还会使形象更加高大。所以，作为一个老板，在自己有错误的情况下，要有勇气承认错误并改正错误。

管理智囊

有了错误，及时纠错，能够将错误所带来的损失降到最低限度；反之，一味地掩饰和执拗，越抹越黑，越走越错，结果只能是失败。

CARRY OUT THE PLANS

第五章

集众人之力，执行要有高效的团队

单人不成阵，独木不成林

古往今来，个人英雄主义情结在人们的心中根深蒂固。然而，即便是技艺超群的国际巨星，在赛场上也不能逞个人英雄。比如，对于足球或篮球项目来说，只有个人服从于整个团队，服从于整体赛势的大局，球员默契配合，才能赢得比赛胜利，从而也为自己赢得荣誉。任何一名球员都不可能在每场比赛中都是明星，光辉荣耀的一刻是由整个团队中的所有成员共同配合得来的。胜利不仅仅归功于临门一脚的前锋或是将未进门的球成功反扑的守门员，要是没有队员的妙传，哪有那么容易进球；同样，要是没有同伴适时地拦截阻挡对手的进攻，对手的球破自家大门的危险系数也将增大。再伟大的英雄，也不能取代整个团队。毕竟，一个人的乐队，是无法演奏出一首美妙的交响乐的。

海豚的捕食很好地说明了团队的重要性。

当海豚看到在海洋深处游动着一个庞大的鱼群时，即使它们当时非常饥饿，也不会欣喜若狂地马上冲向鱼群，因为那样做鱼群就会被冲散，鱼自然就会四处逃窜，那时它们捕到的鱼就会很少。

那么，海豚是如何做的呢？它们会尾随在鱼群后面慢慢游动，并发出“吱、吱、吱”的声音向大海远处发出信号。于是，一只、两只、三只……越来越多的伙伴会游过来，加入整个队伍里，并且再一同向远处的同伴发出信号。当这支团队成员增加到几十只的时候，它们依然会不停地发出信号；直到海豚的数量聚集到100只以上的时候，所有的海豚围绕在鱼群周围，形成一个球状体把整个鱼群围绕在中心。然后，它们分成小组并且井然有序地冲进球形中央，慌乱的鱼群无路可逃，只能被海豚集体捕获。处在中间的海豚饱餐之后，它们就会游到外围与在外面工作的伙伴相互替换位置，让同伴进去享受美餐。这样不断地循环往复，使每一位成员都能美美地饱餐一顿。

试想一下，如果一只海豚发现了鱼群之后急于求成，冲向前去猎食，两三条小鱼它还是能抓住的，可要想填饱肚子恐怕就有些困难了，因为更多的"猎物"会在它捕食自己的同伴时意识到危险，从而迅速逃之夭夭。

当今时代，战场上的硝烟日渐消散，而商战中的火药味却越来越浓。一位世界500强企业的中国区总裁曾这样感慨道："现代的企业是不可能单打独斗的，现在已经进入'打群架'的时代了！"

事实正是如此，现如今企业越来越重视团队合作的重要性。"单人不成阵，独木难成林"，与单纯的个人英雄主义相比，具有团队意识和团队合作精神的人，能够拥有更大的生存空间以及更广阔的职业发展前景。

不可否认，每个人的心中都或多或少地存在个人英雄主义色彩，都希望得到他人的认同，渴望受到他人的关注。古往今来，英雄总是被世人所称颂，即使是在经历了很多年以后，他们所创造的个人价值依然值得人们称颂。

然而，英雄个人本领再高，如果离开了民众的支持和下属的努力，也就无所谓英雄了。

张瑞敏被誉为"中国第一CEO"，他所取得的巨大成功，离不开他身后优秀的海尔团队。

有一次，一位远在德国的经销商打来电话，坚决要求海尔在两天内发货，否则订单将被视为自动失效。要在两天之内发货，这意味着当天下午那位经销商所需要的货物就必须装船，但当时正值星期五下午两点，若是按照海关、商检等有关部门下午五点下班来计算，那就只有三小时的时间了，按照一般的发货程序，是不能达成那位经销商的要求的。

面对这样的挑战，海尔人将不可能变为了可能。海尔人卓越的团队精神此时释放出了巨大的能量，他们采取并驾齐驱的方式，调货的调货，联系船只的联系船只，报关的报关，每一位海尔人都全身心地投入工作中，抓紧每一秒，让每一个环节都顺利通过。就在当天下午五点半，那位德国经销商接到了海尔方货物已经发出的通知，他感到非常惊讶，最后变成了感激，还特意给海尔写了一封诚挚的感谢信。

海尔公司能取得今天这样举世瞩目的成就，不仅得益于它的统帅张瑞敏，更得益于海尔每一位员工的努力。海尔将自己的价值观定义为：人的价值高于物的价值，共同价值高于个体价值，共同协作的价值高于单干的价值，社会价值高于利润价值。正是这种价值观，保证了海尔能够最大限度地调动员工的工作积极性，使员工满意度达到最大化，从而创造出更好的产品与服务。

由此可见，个体的力量终究是有限的，唯有团队成员团结起来协同作战，才能打造出一支优秀的团队。

管理智囊

再伟大的英雄，也不能取代整个团队，毕竟，一个人的乐队，是无法演奏出一首美妙的交响乐的。

既要协调合作，也要明确分工

团结就有力量，合作产生效益，分享有互补，团体是个体的归宿，个体是团体的基础，优秀的团体有利于个体的成长，优秀的个体有利于团体的壮大，这就是团队的精神。

每年的秋天，我们都会看到这样一幅绮丽、壮观的画面：一群大雁结队往南飞，它们一会儿排成“人”字，一会儿排成“一”字，这阵容着实可与空军演习相媲美。于是，人们常常感到疑惑：为什么大雁南飞会有如此阵容呢？于是，学者们从社会学的角度对大雁展开了研究，研究结果发现，大雁群体具有很强的团队意识。

（1）它们在飞行时，不是“各自为政”的，而是都愿意接受团队的安排，无论是哪种飞行队伍，它们都会自觉协助调整队形的建立。此时，假若有一只大雁因为飞行缓慢而掉队，那么，它会自觉并且努力赶上队伍。

（2）即使处于飞行优势，也就是不需要用力飞行时，大雁们仍会本能地拍打翅膀，这样做是为了为随其后的同伴创造有利的上升气流。别小看这小小的拍打，如果每只大雁都拍动翅膀，那么可使整个队形的飞行效率提高75%。

（3）任何一只大雁都必须有很强的补位意识，而且，这一工作并不是由某些大雁完成的，而是由全体共同分担的。也就是说，如果头雁飞累了，疲倦了，那么，它会自动退到大雁队伍中，然后在几乎很难察觉的情况下，另一只大雁就会填补它的空缺，继续带领其他大雁飞行。

（4）可能你不明白的是：为什么队形后面的大雁会不断发出鸣叫？原来其目的是给前方的伙伴加油打气。

（5）大雁队伍中的每个成员都有患难与共的意识，不管队伍遇到什么不测，它们总是会互相帮忙。如果有一只大雁不幸受伤或者生病了，就会有两三只大雁脱离队形，靠近这只不幸的同伴，协助它降落到地面，无论这只大雁是死亡还是重回队伍，不到最后一秒，它们绝不离开。

这就是著名的大雁法则。大雁的精神就是团队的精神：相同的目标，明确的分工，协调的合作，有序的竞争，恰当的组合，宽阔的胸怀，无私的奉献。人们常问："一滴水怎样才能不干涸？"答案是"把它放到大海里去"。一个人再完美，也只是一滴水，而一个团队，一个优秀的、完美的团队才是大海。

大雁的团队意识虽然出于本能，却能使人类得到启发：团队的力量是伟大的，如何打造一支足以让企业立于不败之地的团队应该成为企业领导人的战略目标之一。

1. 建立内心一致的团队

南飞的大雁，它们的共同目标就是要飞到温暖的南国，所有的大雁都会朝着这个目标飞翔。

同样，团队领导者建立愿望或共同愿景，使所有成员取得价值观的认同就很有必要。这是提高团队凝聚力的最佳途径。

我们很难想象，如果一个团队内部的成员都“各怀鬼胎”，真正的凝聚力何以形成？

2. 提高组织（企业）的执行能力

南飞的大雁，它们的任务就是不断往南飞，即使飞行中遇到困难，它们也会不折不扣地完成这一任务。

同样，团队里，并不需要每个人都是天才，但需要每个人都有强烈的责任心，都能对领导者布置的任务坚决、按质按量地完成，并做到细节的完善。

当然，确保任务完成的关键也是保证团队执行力的关键，还要在执行过程中明确为实现目标分为哪几个阶段，并确定具体工作指标。

3. 放手让员工有更大的发挥空间

团队协作中，我们经常会看到这样一些“保姆型”领导：他们看到员工能力不如自己，总是忍不住事事横加指点甚至事事代劳。殊不知，这种指点在团队成员看来或许是一种干涉。要知道，每个人都有自己的想法和做事的方法，如果领导者将自己的意志强加给员工，员工有可能变得消极怠惰、唯命是从，失去主观能动性，团队也不会有战斗力。

因此，领导者不妨把更多的精力用于拓展员工的发挥空间，激发他们的创造性，赋予他们充分的职权，同时创造出每一个人都能充分发挥自我的环境。虽然不能像大雁一样由群体来自觉承担领导工作，但充分的授权会增强员工的责任意识和为团队前赴后继的精神。

团队成员在才能上是互补的。古人云：人心齐，泰山移。“团结就是力量”，在市场经济转轨和国际竞争的大背景下，弘扬团队精神对于建设一个企业具有重要意义。唯有建立健全的团队，企业才能立于不败之地。

管理智囊

团队领导者建立愿望或共同愿景，使所有成员取得价值观的认同就很有必要，这是提高团队凝聚力的最佳途径。

各尽其才，发挥团队最大效益

世界上没有完人，一个人不可能做到面面俱到，即使我们日常所说的“全才”，也只是相对而言。任何人才作用的发挥，都离不开人才群体的整体效能。人才不是孤立存在的，因此，进行合理的优势组合，是发挥每一个人才应有作用、发挥团队最大效益的关键要素。

唐太宗时期之所以会出现人才数量上的高峰，关键是有唐太宗这个大伯乐识得千里马。而伯乐唐太宗的人才观是：人心难测，人才更是拥有千百种性情，在这种情况下，有效识人、驭人，组建优势组合的团队结构才是领导者用人成功的关键。唐太宗懂得观人之长、察人之短，把人才放在合适的位置上，使其优势组合，发挥团队最大效益的道理。

唐太宗登基伊始，整个朝廷结构都处于初建与调整之中，如何才能把众多贤能之才分别放在合适的位置上，以组成一个最合理、最有效的组织结构呢？唐太宗为此曾寝食难安。经过一番观察和思考，他最终做出了如下安排。

魏徵这个人好凡事与人争辩一番，常把谏诤之事放于心中，根据这一特点，唐太宗就任命他为谏议大夫，其具体职责是专门向皇帝提意见。

至于房玄龄，他做事有一个显著的特点就是孜孜不倦，知道了就会立刻去办。根据这一特点，唐太宗就任命他为中书令，其具体职责是掌管国家的军令、政令，阐明帝事；入宫禀告皇帝，出宫侍奉皇帝，管理万邦，处理百事，辅佐天子而执大政。

李靖是个文才武略兼备之才，外出能带兵，入朝能为相，于是唐太宗就任用他为刑部尚书兼检校中书令，其具体职责是掌管全国的刑法和徒隶、勾覆、关禁的政令。

由此，魏徵、房玄龄、李靖三人共同主持朝政，相互取长补短，发挥了各自的优势，共同构建起了唐王朝的上层组织机构。

就职于一家外服公司做总经理的顾家栋，是国内人力资源领域的权威专家。他把企业员工分为三种人：第一种人是执行力强的人，他们遇到事情往往直接去做，从不考虑后果，也不会考虑办不成事该怎么办；第二种人是空想家，他们永远在衡量得失、谋划，就是不实施行动；而第三种人则既不执行也不谋划，但他们往往对企业内部消息、人际关系特别在意，也喜欢四处散播消息。对第一种人，顾家栋形容其为“没脑子”——不可以用，第二种人是“胆小鬼”——也不可以用，至于第三种人，更是被批评为游手好闲。说到这里，可能很多人会认为顾家栋的想法有些极端，不禁要问如果一个企业内部就这三种人存在，而这三种人又都不能用，那企业还怎么用人呢?

对此，顾家栋也有自己的想法。他认为，一个企业领导者之所以觉得人才难得，主要不是因为人才不可以用，而是领导者缺乏识人和团队组合的意识。试想一下，如果让第一种人去策划部门工作，那么企业战略的行动细节他很有可能会理不清楚，让第二种人到第一线去做销售，他的执行能力很有可能让他完不成任务，但是如果把两者组合起来用，让他们的位置互换，那么工作效果肯定会很不一样。至于第三种人，可以把他们变成企业的“润滑剂”、企业的沟通部门，有时甚至可以成为领导者了解企业内部情况的工具。

从数学上讲，一加一等于二。可是用在人才的组合上，如果组合合理，一加一可能就等于三、等于四……甚至更多。然而，如果组合不当，一加一则可能会等于零，甚至是负数。所以，企业管理者管理人才，不仅要考虑他们的能力和才华，更要考虑其个性及长短处，做到优势组合，以便搭建出最合理的人才“房屋”，发挥人才最佳的效能。

其实，总体来说，领导者用人不仅表现在人的数量上，而且还在于其人才的优势组合与搭配。在一个拥有众多人才的企业中，不仅要有个体的优势，更需要有最佳的组合结构。“全才”是极少有的，“偏才”占绝大多数，但“偏才”组合得好，就可以构成更大的“全才”。优秀的领导者不苛求全才，他们尽力去做的是将一个有效的人才群体，通过合理的优势组合，使其迸发出新的巨大的集体力量。

真正优秀的领导者，不仅要看到单个人才的能力和作用，更重要的是，要组织一个结构合理的人才组合体，将不同类型的人才进行合理的搭配，并把他们放在最合适的位置上，相互启发、相互协作，形成一个有机的整体，通过这样合理的优势组合来弥补单个人才的不足之处，以求达到人才最佳效能的有效发挥。这个道理在古今都适用。

管理智囊

优秀的领导者不苛求全才，他们尽力去做的是将一个有效的人才群体，通过合理的优势组合，使其迸发出新的巨大的集体力量。

识别出团队中的害群之马

一个团队经过较长时间的磨合，大家知根知底了，相处融洽，但并不代表没有了个性冲突，没有了嫉妒者、仇视者、破坏者。有这些倾向的个体，表现激烈一点就会成为害群之马。

一项针对团队人际冲突的研究显示，一个“害群之马”就像病毒一样能传播坏习惯，使得他的同事也萎靡不振，或者搅乱一个优秀团队的气氛。这就是人们常说的“一颗老鼠屎坏了一锅粥”。

研究者之一威廉姆·菲尔普斯说，他开始调查团队的人际冲突是受到妻子经历的启发。他妻子的单位有个同事，当此人因病假离开时，办公室就出现了新气象：“他暂时离开单位后，办公室的氛围发生了戏剧性的变化。大家开始互相帮助，广播里播放着古典音乐，下班之后一起去喝酒。但当他又回来上班之后一切又回到原来那种不愉快的情形。”

那么，团队领导如何辨别谁有可能成为“害群之马”呢？下面列出的几种人可供参考：

1. 传播负能量之人

“公司大概没前途了吧！”“这样下去怕是工资也发不出了吧！”办公室里，总是有人消极怠惰，对企业发展缺乏信心，患得患失。这种人往往内心正能量比较少，而且行动力不强，总是瞻前顾后，蹉跎时间和机会。员工消极的心理状态对团队氛围非常不利，当大伙都在为目标奋力拼搏时这类人会传播各种忐忑不安的情绪来扰乱“军心”，对于有攻坚任务的团队来说，这种人的威胁更大。

2. 爱挑事端之人

一个很好的团队，有一两个小人随便一搅，或到上级部门告状，或在下面煽风点火，轻则使功变为过，使好人变得心灰意冷，重则能把一个好端端的人或团队彻底毁掉。还有一些员工走的是另一种路线：不管团队内部有什么麻烦，他都会出面夸大问题，制造纠纷，并让上司觉得他才是那个解决问题的救世主。比如他会在你的面前刻意攻击自已的同事，告诉你那个人根本不行，然后再向你提出他认为正确的工作方法，以取得你的好感。

3. 无中生有之人

总喜欢捕风捉影、道听途说，尤其对别人的隐私肆意捏造、夸大、传播，在同事间搬弄是非、散播谣言、破坏团结，严重毁坏他人的形象、名誉、威望等，甚至给当事人带来无法挽回的重大影响，这样的人即使能力再强，业绩再好，也不能留。

4. 好猜忌之人

“最近老板没安排什么工作给我，是不是我做错了什么？”“今天小李拿我开玩笑，是不是上次的工作没配合好，所以他才故意整我？”……这类人对同事、上司缺乏信任，总怀疑别人的行为举止另有目的。职场女性因心思细腻，对感情和周围的人际关系变化比较敏感，更容易患上“疑心病”。

5. 利益熏心之人

这类人往往是“伪善者”，表面上奉公守法、两袖清风，讲得头头是道，实际上唯利是图，喜欢投机取巧，习惯假公济私，不顾公司利益，大捞特捞。对待这类人一定不能心软，贪污金额数目巨大者应该移交司法机关。

6. 心存抱怨之人

他们是抱怨的“大烟囱”，工作的火力不足，却整天都在冒烟，觉得老板对自己不公，同事对自己不平，时刻都存有抱怨的情绪，好像全世界数他最优秀、最无可挑剔，别人都有这样或那样的毛病。

7. 推脱责任之人

遇事先把自己撇干净或是找出一百种理由来解释，“责任”这两个字好像跟这类人没有天然的交集。人如果没有责任心，就像“空心”大萝卜，腌咸菜都不够格，团队留他何用！

8. 自以为是之人

这类人极度崇尚自我，以自我为中心，自以为是，崇拜个人英雄主义，不管对与错，总喜欢表现自己，缺乏团队精神，不愿意协调、配合，不服从上司指挥，甚至不遵守纪律，只凭想当然干工作，不按流程做事，明明自己不会做、不明白，却不喜欢听从别人，也不接受别人的帮助、指导，工作经常偏离团队的规定。偶尔取得一点成绩就沾沾自喜，到处宣扬，唯恐别人不知道他的本事，做错了事也不接受上司的批评，总有借口和理由搪塞。与别人关系处理得一般，同事也不太喜欢他。这类人对团队的目标实施、团队建设、人际关系、团队形象等会造成损害，除了辞退之外，很难通过交流、培训、学习、帮扶、教育等来改变他。

9. 公私不分之人

很多资历老的团队成员，觉得自己的贡献较大，有时会公私不分将团队的资源拿来私用，小至公司的一些办公用具，一张纸、一支笔，大到电脑和公司的汽车。最常见的是用公司的电话解决私人问题，或者在工作时间用团队的资源来给自己干私活等。如果你总是默许这样的行为，长此以往，团队就成了员工牟取私利的平台。

10. 心胸狭窄之人

这类人往往会因为一点小事而心生怨恨，也见不得别人比自己好，对比自己好的人会产生嫉妒、仇视心理。他们不喜欢团队作战，不能接受不同的意见，一有机会就摆出一副唯我独尊，“顺我者昌，逆我者亡”的姿态，将与自己意见相左的同事视为仇敌，一旦发生纠纷就伺机报复。他们没有宽容之心，必然是团队中的害群之马。

社会学上有这么一个概念：六个人的团队会有一个人杰，七个人的团队会有一个败类。这种说法不管有没有人去验证，但我们要承认带领一个成员复杂的团队确实很难。

有一个著名的红酒定律：将一勺红酒倒入一杯污水中，你得到的是一杯污水；将一勺污水倒入一杯红酒中，你得到的仍然是一杯污水。这就说，团队领导必须反反复复地权衡利弊，以谋求最大利益为原则做出自己的抉择，该清除的坚决清除，否则整个团队就会变成一杯污水。

管理智囊

团队领导必须反反复复地权衡利弊，以谋求最大利益为原则做出自己的抉择，该清除的必须坚决清除，否则整个团队就会变成一杯污水。

避免“主客式”管理，将“家人意识”融入团队

一个组织部门的成功，不仅仅是靠中层领导个人的智慧和才华，绝大部分的成功关键在于中层领导者身边的那些下属，在于下属完美的表现。

有一位中层领导者曾说过这样一句话：“我的成功，百分之十是靠我个人旺盛无比的进取心，而百分之九十全仗着我拥有的那支强有力的团队，因为他们都是‘家庭成员’。”这位中层领导所具备的就是“家人意识”。

所谓的“家人意识”，指的是一种主人翁意识和一种参与式管理。中层领导不要以“主客式”和“专制式”的方式来管理下属，而应当更多地把“家人意识”融入组织管理之中，这样才能形成一个和谐积极的团队。这一点是相当重要的，它直接决定着团队效率的高低，乃至于成败。

每位中层领导都应当从下面几段话中有所彻悟：

管理学大师威廉·戴尔将团队定义为“一个联合而凝聚的团体”。他在《建立团队》一书中就一针见血地指出：近15年来，经理人在组织内的角色已经产生重大的改变。他解释道：“过去被视为传奇英雄，并能一手改写组织或部门的强硬经理人，在现今日趋复杂的组织下，已被另一种新型领导人取代。这种领导人能将不同背景、经过训练和有经验的人，组织成一个高效率的工作团队。”

对单位组织管理有丰富的第一手经验，因负责教育训练工作而闻名于世的威廉·希特博士完全支持这种观点，他提议领导人用“参与式”管理来替代专断式管理，他认为：“与其试着由一个人来管理组织，为何不让整个组织一起分担管理的功能？”希特说的可谓直指人心，因为在专业分工的发展环境中，我们越来越需要大家一起互动运作、通力合作，只有这样才能顺利、快速、有效地完成工作。

鉴于此，做一个优秀的中层领导，十分有必要花些时间和精力，做好建立团队的工作。

战绩显赫的篮球队之所以能经常赢得冠军奖杯，关键在于它们的教练是一位极为卓越的领导者，懂得让球队产生一种浓郁的“家人意识”。因此，在千变万化的球场上，在必要的情况下，球员愿意牺牲个人得分的机会，在一次次奏效的妙传当中，表现出大公无私、协调合作的精神。因为全队共进退，使得分率大幅度提高，所以大多数时候，球队都会获得最后的胜利。

单打独斗、个人英雄主义的时代，已经向我们挥手告别。我们早已迈入合作才是力量、讲求团队默契的新纪元了。任何组织，不管它们是一支球队、乐团还是公司内的任何部门，不仅需要一位业务过硬的中层领导，更需要一位能投注于团队发展的真正领导人。

中层领导若想打造一支高效的团队，必须在以上几方面的基础上，认真总结、仔细反思。这样，才能提高自己的组织能力，并展现出良好的领导力。毕竟，一个组织的荣辱成败，绝大部分取决于团队合作的程度。

管理智囊

中层领导不要以“主客式”和“专制式”的方式来管理下属，而应当更多地把“家人意识”融入组织管理之中，这样才能形成一个和谐积极的团队。

点燃激情，释放团队的正能量

热情是一个团队保持生机和活力的关键，是卓越带领团队走向成功的原动力。美国经济学家罗宾斯研究得出结论：人的价值 = 人力资本 × 工作热情 × 工作能力。也就是说：一个人如果没有工作热情，那么他的价值就是零。比尔·盖茨有句名言：“每天早晨醒来，一想到所从事的工作和所开发的技术将会给人类生活带来的巨大影响和变化，我就会无比兴奋和激动。”这句话阐释了他对工作的热情。在他看来，一个优秀的下属，最重要的素质是对工作的热情，而不是能力、责任及其他（虽然这些也不可或缺）。比尔·盖茨的这种理念已成为微软文化的核心，像基石一样让微软王国在 IT 世界傲视群雄。可见，抓住了下属的热情，就等于抓住了企业成功的金钥匙。

成就伟大的事业，离不开对它的热爱，凡是成功的人总是那些富有激情的人。激情是成功的必要条件，只有具备了这个条件，做事情才能获得成功。对于员工来说，激情同样非常重要，它可以感染你的上司，感染你的同事，从而获得提拔和重用，获得理解和支持。更重要的是，激情还可以使员工热情奔放，激发出体内潜在的巨大能量，产生对工作的坚定信念，产生对事业的狂热追求。

某服装厂接受了一批外商订货，货量大，时间紧，如按正常生产率是无论如何也不能在交货期完成的，而工厂如果不能按期交货，则不得不向外商赔偿一笔巨额违约金，并严重影响到信誉。老板为此召开了全厂职工大会，发表了热情洋溢的讲话：

“工友们，今天，有一件十分重要的事要和大家商量一下。这件事，事关咱们玩具厂的生死。大家知道，最近两年来市场竞争激烈，咱们玩具厂的利润不断下降，已经严重影响了大家的利益。作为厂长，我没有能力让大家多得工资，很对不起大家。但是，现在机会来了，现在有近10万美元的外商订货任务，我知道在短短一个月的时间内完成它有困难，但是，工友们，我们抢到这个合同不容易呀！不干，我们就没饭吃。”老板停顿了一下，环视下属，突然间喊了道，“工友们，咱们干不干？”

“干！”会场上响起一片喊声，“加班加点，拼死拼活也要完成！”

“好，工友们，有这句话我就放心了！现在散会，请大家回去，准备接受任务。我保证工作完成之后，每个人都将得到一个厚厚的红包。”

由于老板鼓动起了下属的热情，大家齐心协力，努力生产，加班加点，果真在交货日前三天完成了全部生产任务。

作为团队的老板，非常重要的职责之一就是想方设法激励团队成员，让他们对工作保持激情，这样才可以期待团队取得优秀的绩效。这位老板很会鼓动人心，把工人的热情调动起来，使工人们感到，这批任务完成与否，事关工人的切身利益——“不干就没饭吃”。最后，老板又把工作同每个人的物质利益直接挂钩，直接提出工作完成之后给予每个人一份奖金。真可谓精明老到，滴水不漏。所以说，一名出色的老板必须懂得如何激发下属的工作热情。

热情是工作的灵魂，热情是企业的活力源泉，热情是个人和团队成功的基石。让热情在团队内扩散、流淌、传递、飞扬，是一个老板的职责，也是老板成功的秘诀。对优秀的老板来说，衡量他是不是把这个公司做好了，一个重要的指标便是：他是不是能把下属的潜能调动出来，而且不只是100%，而是120%地调动起来。

那么，该如何提升下属的工作热情呢？以下几点是可循之道。

（1）营造积极热情的工作氛围

这是影响士气最首要、最关键的因素。如果团队的所有下属能够协同一致积极工作，显然这个团队将充满高昂的士气和凝聚力。这种积极性包括团队下属之间良好的交流与沟通、自发产生的统一行动、相互信任并积极支持，以及具备高尚统一的职业道德。

（2）授予下属相应的权力

授予不仅仅是封官任命，老板在向下属派工作时，也要授予他们权力，否则就不算授予。所以，老板要帮被授权者清除心理障碍，让他们觉得自己是在“独挑大梁”，肩负着一项完整的职责。方法之一是让所有的相关人士知道被授权者的权责；另一个要点是，一旦授权之后，就不再干涉。

（3）共渡难关

公司经营有困难时，老板应坦诚向下属说明，请他们与你共渡难关。下属如果在工作中表现出“知耻近乎勇”的精神来，将是你的巨大成功。

（4）赏识下属

下属谋求老板的承认和同事的认可，希望自己出色的工作被企业“大家庭”所接受。如果得不到这些，他们的士气就会低落，工作效率就会降低。他们不仅需要自己归属于下属群体，而且还需要归属于公司整体，是公司整体的一部分。所有的下属都希望得到公司的赏识，甚至需要与他们的上司一起研究工作，直接从老板那里了解企业生产经营情况。这种做法有助于拉近老板与下属之间的距离，使下属感到自己是公司的主人，而不是苦力。

（5）赋予工作使命感

让下属了解他们的工作贡献，让从事最平常工作的下属也能充满动力。例如，当一个以清理污水维生的下属，认为他的工作是“拯救日益污染的环境”时，他的工作士气便会提高许多。缺乏这种使命感，即使再高薪的工作，可能也只是另一份忙碌的工作。

（6）加强沟通

老板应该主动与下属进行沟通，有效的沟通会缩小老板与下属的距离，会让下属工作时比较轻松。下属的心情好了，工作就会比较有热情。老板与下属沟通的内容可以是工作上的，也可以是家庭生活方面的。只要老板能够多与下属沟通，不管沟通的内容是什么，下属都会觉得自己很受老板的重视，工作的积极性就会高。

让热情成为下属内心熊熊燃烧的烈火，激励着下属为共同的梦想努力奋斗——这是团队成功的秘密武器之一，也是卓越老板才能的重要组成部分。缺乏热情的下属是老板的梦魇，一支死气沉沉的团队无法成就卓越，只有激情四射的团队才能够创造奇迹。

管理智囊

作为团队的老板，非常重要的职责之一就是想方设法激励团队成员，让他们对工作保持激情，这样才可以期待团队取得优异的绩效。

攻破矛盾暗堡，妥善解决纠纷

武则天在位时，狄仁杰和娄师德同朝为相，但二人有矛盾。武则天见二相不和，心里很是着急。但她并没有让自己一下子陷入二人的具体矛盾之中，而是置身事外，不评论是非，研究矛盾产生的原因。武则天认为，问题的症结就是狄仁杰恃才傲物，看不起娄师德，总是想方设法排斥他。经过考虑后，武则天对解决问题的方法有了决断。

一天，武则天突然问狄仁杰："我信任并提拔你，你可知道其中原因？"

狄仁杰答道："我凭文才和品德受朝廷任用，不是平庸之辈，更不是靠别人来成就事业的人。"

武则天沉思了一会儿，对狄仁杰说道："其实，我原来并不了解你的情况，你之所以有今天，之所以会得到朝廷的厚遇，全靠娄师德的推荐呀！”

随后，武则天命人取出一个竹箱，找出几件娄师德推荐狄仁杰的奏本给狄仁杰看。

狄仁杰仔细地看完奏本，不由得满面羞愧，心想：多年来，自己一直在想办法排斥娄师德，甚至想把他赶出京城，没想到他却一直在皇上面前举荐自己。

想到这里，狄仁杰连忙跪在地上，惶恐地向武则天承认自己有罪。武则天并没有责备他，而是原谅了他。此后，狄仁杰抛弃了对娄师德的成见，二人共同辅佐武则天，将朝政打理得井井有条。

武则天跳出狄、娄二人局外，冷静地观察和思考，想到了巧解矛盾的妙法，对狄仁杰动之以情，晓以大义，达到了调解二人之间矛盾的目的。

有人的地方就有矛盾，一个拥有很多下属的领导者每天要处理诸多事情，其中就包括下属之间的各种矛盾，而且当下属之间出现严重矛盾时，一旦处理不好，还会把自己带进矛盾的旋涡之中。所以，领导最不愿看到的是下属之间闹矛盾，都是你的左右手，伤害了谁都是你不愿看到的，况且小的矛盾如果处理不好、处理不公，不但会降低领导的威信，还会影响整个部门的工作效率。那么，面对下属之间的矛盾，该如何解决呢？

下属之间有矛盾时，领导要善于及时发现和妥善处理，最好的方法是做到原则性和灵活性相结合。原则就是不能侵害组织利益，灵活就是解决矛盾的方法不要千篇一律，不要教条式地解决问题。有些矛盾要防患于未然，有些矛盾可以事中控制解决，而有些矛盾可以让它量变到一定程度发生质变时再解决。下面的一些方法可以借鉴。

1. 单刀直入，当场解决

这是指对不太复杂的矛盾纠纷，在深入细致地调查研究的基础上，由领导把矛盾纠纷的双方召集在一起，当面锣对面鼓，把矛盾揭开，把事实真相公开，当场把处理意见拿出来，让矛盾纠纷双方遵照执行。单刀直入，当场解决矛盾纠纷，要特别注意两个问题：第一，事实真相必须准确无误；第二，领导的处理意见要合情合理，客观公正。

2. 与人为善，秉公办事

无论处理什么样的矛盾，这条原则都是办事的准绳。处理矛盾时，领导一定要保持中立的态度，不能有所偏袒。偏袒只会使矛盾激化，而且矛盾还可能产生移位，矛盾的一方很可能会把矛头移向你，使原来的矛盾扩大，冲突趋于复杂。

3. 对恶意制造矛盾者绝不能手软

俗话说："不怕没好事，就怕没好人。"恶意传闲话者、故意制造事端者、生怕天下太平者，甚至与外部勾结、找内部员工的麻烦者，要果断处理，坚决辞退，不要留恋，无论他有多大的才能都不能再用。

在矛盾发生时，往往当事双方的情绪都非常激动，都希望你能立即判断出一个谁对谁错，解决这个矛盾。这时你千万不要火上浇油，立即处理矛盾，因为此时的双方情绪激动，往往你无论怎么处理，双方都不会满意，还会误认为你偏袒对方。作为一个领导者，必须力争使自己成为善于处理组织内部矛盾纠纷的高手。而要想攻破组织中各种矛盾的暗堡，妥善解决各种纠纷，领导者就必须首先对自己身边所发生的矛盾有一个比较深入的认识，然后才能据此采取有效的行动。

管理智囊

下属之间有矛盾时，领导要善于及时发现和妥善处理，最好的方法是做到原则性和灵活性相结合。

行动是金，成功属于立即行动的人

人们常说：“决定是银，行动是金。”因此也只有行动，才能战胜挫折，理想才能够变为现实；只有行动，才能让自己一步步接近成功；只有行动，才会有结果。而这也正是成功者与失败者的区别。

狼在遇到困难和挫折时，想到的从不是逃避，更不是放弃，而是积极地行动。因为它们明白，只有行动才能帮助自己渡过难关，逃避或放弃只会让自己处于更加不利的处境，也会给对手创造了更加有利的消灭自己的机会。所以在挫折面前，狼从不退缩，而是用自己的智慧果断地选择行动。

一位伞兵教练曾说：“跳伞本身真的很让人难受，只是等待跳伞的一刹那，在跳伞的人各就各位时，我让他们‘尽快’度过这段时间。曾经不止一次，有人因幻想太多可能发生的事而晕倒。如果不鼓励他跳第二次，他就永远当不成伞兵了，跳的人拖得越久，越害怕，就越没有信心。”任何一次成功始于心动，但要成于行动。一位记者在对一位成功人士采访时问道：“你这么成功，曾经遇到过困难吗？”

“当然！”他说。

“当你遇到困难时如何处理？”

“马上行动！”

“当你遇到经济上或其他方面的重大压力时呢？”

“马上行动！”

“在婚姻、感情上遇到挫折或沟通不良的话呢？”

“马上行动！”他还是说。

“在你人生过程中遇到困难都这么处理吗？”

“是的！”对于记者的采访，成功人士只有一个答案，那就是马上行动，因为他懂得只有行动才是战胜挫折的唯一方法。

人生，并不是绚烂多姿的朝霞，它是由痛苦、磨难、幸福、快乐的丝线共同织成的一张网。当遭遇挫折时，我们不要气馁消沉、不要埋怨。这时，只要行动就能改变你的现状，相反，如果你一味地埋怨，或者幻想，那么，即使你处在有利的环境中，你也无法获得成功。

任何美好的蓝图如果不能付诸行动，不用行动去实现它，那么它只不过是停留在一张纸上的一幅画而已，除了一点点的欣赏价值外，没有任何的意义。只有行动才能将这一切变为现实。

在美国，有一位名叫西尔维亚的女孩，她父亲是波士顿有名的整形外科医生，母亲在一家声誉很高的大学担任教授。她的家庭对她有很大的帮助和支持，她完全有机会实现自己的理想。从读大学开始，她就一直梦寐以求地想当电视台的节目主持人。

她觉得自己具有这方面的才能，因为每当她和别人相处时，即便是陌生人也都愿意亲近她并和她长谈。她也知道怎样从人家嘴里“掏出心里话”。她的朋友们称她是他们“亲密的随身精神医生”。她自己常说：“只要有人愿意给我一次上电视的机会，我相信一定能成功。”

但是，她为达到这个理想而做了些什么呢？事实上她什么也没做。

她一直在等待奇迹出现，希望一下子就当上电视节目的主持人。这种奇迹当然永远也不会到来，因为在她等待奇迹到来的时候，奇迹正与她擦肩而过。

一位寓言家曾说：“理想是彼岸，现实是此岸，中间隔着湍急的河流，行动就是架在两岸的桥梁。”在现实中，很多人缺乏的正是这种立刻行动的能力，他们有着最伟大的梦想，也有着切实可行的计划，但结果往往因为没有行动而只能让这些理想停留在幻想阶段。如果一个人养成了这样的习惯，无论他加入哪一个团队，都很难为这个团队做出奉献，相反，团队目标的实现很可能会因为他的不执行而中断。

所以，团队需要的正是对理想信念坚持不渝并立刻付诸实践行动的成员，只有这样，团队与个人才能一步步接近所追求的目标。而这种立刻行动的精神也正是“二八”定律产生的关键：百分之八十的是普通人，却只占社会总财富的百分之二十，这部分人没有多少自由支配的时间，财富也由别人所掌控；而另一部分人虽只占百分之二十，他们拥有的财富却大大超出人们的想象，占有着百分之八十甚至还要多的社会财富，他们是真正富有的人。

在百分之八十的人当中，不乏真正聪明、有远见、有智慧的人，但为什么他们却成了被别人支配的人呢？其实理由很简单，就是因为他们在遇到一些挫折时就打退堂鼓，不去立刻行动，即使在顺境中，也并没有把自己的远见和智慧转化成现实的行动。所以，他们虽然有足够的时间，却没有足够的财富，只能在别人的支配下生活。

在任美国全国国际销售执行委员会七个执行委员之一时，斯通曾作为该会的代表走访了亚洲和太平洋地区。在一个星期二，斯通给澳大利亚东南部墨尔本城的一些商业工作人员做了一次鼓舞立志的谈话。

这次谈话结束后第二个星期四的晚上，斯通接到一家出售金属柜公司的经理意斯特打来的电话。电话中传来了意斯特激动的声音："发生了一件令人吃惊的事！你会同我现在一样感到振奋的。"

"把这件事告诉我吧！发生了什么事？"斯通饶有兴趣地问道。

"我的主要确定目标是把今年的销售额翻一番。但令人吃惊的是：我竟在48小时之内达到了目标。"

"你是怎样达到这个目标的呢？"斯通问意斯特，"你怎么把你的收入翻一番的呢？"

意斯特答道："你在谈话中讲到你的推销员亚兰在同一个街区兜售保险单失败而又成功的故事，记得你说过，有些人可能认为这是做不到的，我相信你的话，我也做了准备。我记住你给我们的自我激励的警句，'立刻行动！'我就去看我的卡片记录，分析了10笔死账。我准备提前兑现这些账，这在先前可能是一件相当棘手的事。我重复了'立即行动'这句话好几次，并用积极的心态去访问这10个账户。结果做了8笔大买卖，发扬积极心态的力量所做出的事是很惊人的——真正惊人的！"

这就是立即行动的力量。任何人只要存有这个信念，付诸行动定会收到意想不到的成功。可是有些人总是等到自己有了一种积极的感受再去付诸行动，这些人其实在本末倒置，积极行动会导致积极思维，而积极思维会导致积极的人生心态，心态是紧跟行动的，你的内心怎样想，你就会采取怎样的行动，也就会产生怎样的结果。

比尔·盖茨说："想做的事情，立刻去做！当'立刻去做'从潜意识中浮现时，立即付诸行动。"

人的一生有太多的等待，在等待中，我们错失了许多机会；在等待中，我们白白浪费了宝贵的光阴；在等待中，我们由一个英姿勃发的青年，变为碌碌无为的中老年，我们还在等待什么？让今天的事今天就做完，现在要做的事马上就动手，成功属于立即行动的人。

管理智囊

行动是金，任何美好的蓝图如果不能付诸行动，不用行动去实现它，那么它只不过是停留在一张纸上的一幅画而已，除了一点点的欣赏价值外，没有任何的意义。

让恰当的激励推动任务的完成

每个人内心里都有荣誉感和满足感，所以领导者就要根据员工的心理特点，通过激励来发挥员工的积极性和创造性。身为公司领导，如果你了解员工的本性，也就知道如何有效地激励他们。这样做可以帮助你更快地走入他们的内心世界，激发他们的拼搏精神，从而实现人文管理的目标。

一个人的热情不可能永远保持，需要经常激发，一次动员后，如果下属的干劲又涣散了，你就应该再次进行动员。这也很符合人们的心理特点，人们在冲向成功终点的途中，需要一次一次地给自己打气，给自己鼓励。其实，这是一种精神食粮，我们每个人都不能缺少。

当你的下属失去了干劲、意志消沉而无法执行交给他的任务时，就得看你如何去激励他们了。

譬如，日本一家食品公司的生产主管，常会对其下属提出这样的要求：

“现在我们公司面临着很大的危机，希望全体员工能够同心协力，勒紧裤腰带，共渡难关。要不惜多牺牲个人利益，保护集体，相信我们会取得最后的胜利。”

刚开始这种动员颇有效果，可是，几个月过后，就没有人再理他了，为什么呢？

可能是听腻了吧。于是在这个时候，他就拿出一套新的口号激励下属。他又为员工们树立了一个信条，叫作：“努力工作吧，全世界人民都在关注着我们。”结果全体员工都深受鼓舞，个个焕发出了他们前所未有的新面貌。

一个领导者必须学会动员他的下属，对他的下属做一次又一次的动员。每一次都采用新形式，每一次都给他们以新的刺激、新的感觉，使他们在奋力拼搏的路上永不疲倦。松下幸之助有句名言：

“领导者再强，但员工冷淡，仍难推动工作，必须设法使每个人都自认为自己是负责人。”

1926年，松下电器公司首次在金泽市设立了营业所，有能力去主持这个新营业所的高级主管为数不少。但是，这些老资格的人如果有谁离开总公司，那么总公司的业务势必受到影响。

这时松下忽然想起了一个年轻的业务员，这个人刚满20岁。于是松下把他找来，对他说：“公司决定在金泽设立一个营业所，我希望你去主持工作。”

听了这番话，这个年轻的业务员大吃一惊。他惊讶地盯着松下说：“这么重要的职务，我恐怕不能胜任。我进入公司还不到两年，也没有什么经验……”刚进入公司一两年的一个小职员，突然奉命去金泽负责一个营业所，也难怪他会感到困惑。

不过，松下总觉得，这个年轻职员一定能够做到。当然，不做做看谁也不知道结果如何，可是松下对他有基本的信赖感。所以，松下以近乎命令的口吻对他说：“没有做不到的事，你一定能够做到的！想想看，像加藤清正、福岛正则这些武将，都是在十几岁的时候，就非常活跃了。他们都在年轻的时候，就拥有自己的城堡，统率部下，治理领地百姓。明治维新的志士们，不都也是年轻人吗？你已经超过20岁了，不可能做不到。放心，你可以做到的！”

松下说了很多这类鼓励他的话。这个年轻职员最后坚定地说：“我明白了，让我去做吧。承蒙您给我这个机会，我会好好去干！”他脸上的神色和刚才判若两人，显出很感激的样子。所以松下也高兴地说：“好，那就请你好好去做！”

这个职员一到金泽，立即展开活动，他几乎每天都写信给松下。

他在信中告诉松下，他正在寻找合适的房子，之后又写信说房子已经找到。没多久，筹备工作都已经就绪，于是松下从大阪派去两三个职员，开设了营业所。

一个人即使年纪轻且经验较少，但是只要好好去做，也是会成功的。松下电器公司后来在日本各地陆续设立了营业所，大致上都是以这种方式开设的。松下相信，一个优秀的员工在恰当的激励下，是可以完成任务的，而肯定下属能力的激励也真的使松下公司获得了成功。

美国企业家艾柯卡曾说过："一个经理人能够有效地激励他人，便是很大的成绩，要使一个公司有活力、有生气，激励就是一切。"这句话可谓字字珠玑，道出了激励的重要性。

管理智囊

> 一个经理人能够有效地激励他人，便是很大的成绩，要使一个公司有活力、有生气，激励就是一切。

用参与决策调动工作积极性

促使下属参与管理工作，不仅可以提高他们的主人翁意识和工作热情，也是一种有效的激励方法，同时也是提升组织凝聚力、鼓舞员工士气的重要途径。

韩国一家工厂，为了进一步加强工厂的凝聚力，培养员工的主人翁意识和责任感，实行了一项独特的管理制度，即让员工轮流当厂长，管理厂务。

工厂每逢星期三就由一名基层员工轮流当一天厂长，负责管理工厂的业务。“一日厂长”上午9点上班，听取各部门主管的简单汇报，对整个工厂的经营情况有个全盘的了解，然后陪同厂长到各部门、车间去巡视工作。这样做，不仅让一日厂长熟悉其他部门、车间的业务，还可以开拓他的视野，了解工厂、车间之间相互协调的关系，以便自己更好地加强合作。

一日厂长可以对企业管理提出自己的看法，也可以对企业提出批评意见，并详细地记录在工作日记上，让各部门相互传阅，各部门有则改之、无则加勉。改进工作的部门要在干部会议中提出改进工作的成果报告，只有当干部会议认可后才算结束。

一日厂长有处理公文的权力，对各部门、车间主管送来的公文，他按自己的意见批示后，交送厂长酌定。一日厂长制经过一年多的实践，该厂的员工有40多人当过厂长，并节省了成本200万美元，收到了显著的实效，工厂把这部分钱作为奖金发给全体员工，又一次增强了大家精诚合作的向心力，令同行羡慕不已。

让下属参与管理工作不仅能够提高员工的责任感，而且还可以鼓舞员工士气，提高员工参与工作的积极性，使他们迅速摆脱工作中产生的挫败感及消极情绪，使他们重新恢复参与工作的热情和信心。

参与管理意味着领导并不是擅自做出决定，而是与相关的个人讨论，并听取了人们的意见之后再做决定。这样，领导或是考虑了员工的意见，或是部分地采纳了员工的意见，让员工有了分担管理、参与管理的感觉。管理者不这样做的话，就会挫伤员工的积极性，因为，如果他不征求员工的意见，员工会十分沮丧。他们其实想对别人有所帮助，找到自己的自重感。

如果领导听取了下属的意见，但又不准备采纳的话，他应该花点时间向下属解释他这样做的原因。许多研究发现，是否对下属言明一切，很大程度上影响着他们的工作热情。如果你对下属说明了情况，那么，他们对工作结果产生的责任感要比那些始终蒙在鼓里的人强得多。

领导还应敏锐地注意到，有些人会觉得如果上司拿不定主意，事事都要征求他们的意见，那么他凭什么拿比他们高的工资？让下属积极参与管理，但上下级之间还是要分清楚的。

对于管理者而言，在征求大家的意见时，要注意不要偏信那些在工作小组中有较多权威的人。大多数时候，这类人多数年岁较大。对那些年轻的员工，也应该给予同等的关注，而不因他们的年龄、经验等因素而忽略。

管理智囊

如果管理者认为，决策是管理层的事，并坚持这样做，就会人为地将团队区分为两个阶层：决策层和普通员工。这不利于团队凝聚力的建设。

哪里有压力哪里就有“反抗”

在一个公司里，当领导的有才干理所当然，但下属的才干也未必个个不如某些领导。为此，经理和主管从大局着想，多给下属一个机会，让他们历经各种考验才能成才。同样的，给他们加压也会让他们成才。

有些公司经常会出现以下情况。当他们在一些国家开放市场的冲击下，急需一大批谈判人才，怎奈军中良将甚少，仅有的几个公关部人员都有事不在。在这如此严峻的形势下，有些公司只会干着急，但有些公司，他们会大胆地起用其他部门的人员，让他们去替代公关部人员。俗话说：一回生，两回熟。不久，这些其他部门的人员就应付自如了。为此，这些公司是一箭双雕，既培养了一批人才，又保全了公司的利益。

由此可见，人的潜力是何其的大，只要你敢于发现并挖掘它，那效果是显而易见的。尤其是作为一个经理和主管，要有超人的胆识，去挖掘你的下属的才能，不仅如此，你还可以去公司中的每个角落发现这种人才，并激发他们的潜能，让他们有机会为你效力。

科学家验证一般人的一生只能用掉 10% 的脑细胞，但一般人都可至少开发到 20%，只是人们不能使用，没有压力，自然不会投放更多精力。

作为经理和主管，必修的一门学科就是运用你的权力，对你的下属适当地加压，并使其充分发挥潜能，成为出色的人才。俗话说

“严师出高徒”就是这个道理。

（1）创造机遇，历练人才

作为公司中的经理和主管要多创造一些机会，让下属历经磨炼，再从中择优，这样才能做到不浪费人才。还能提高他们的积极性，激发他们的才能。所以，不仅要让下属各就其位，还要让他们各尽其用。

（2）施加压力，造就人才

有些下属能力很强，他对自己的工作完全是游刃有余，毫不费力。有时甚至会出现“没事做”的现象，所以对他来说，根本就和压力这类词挨不着边。长此以往，他就会满足现状，不思进取，养成惰性或者产生厌倦感，影响了他的干劲和效率。对这样的人，领导就需要给他施加压力，消耗掉他过剩的精力，这样不仅可以给公司带来效益，还会让他满足个人成就感，于公于私，都有百益而无一害。

（3）施压要有个“度”

人承受压力的能力是有限的，不论从精神上还是肉体上都是如此。如果你只求利益，盲目地并超大量地施加压力，忽视员工的感受，那么，不但会适得其反，你自身的名声恐怕也会受到影响。

因此，要做一名成功的经理和主管，适度加压是一定要牢记在心的，因为这是你建功立业的一大法宝。

管理智囊

作为经理和主管，必修的一门学科就是运用你的权力，对你的下属适当地加压，并使其充分发挥潜能，成为出色的人才。

CARRY OUT THE PLANS

第六章

用对人做对事，执行要有得力的人选

管理之本在于如何用人

美国著名经营专家卡特说过：“管理之本在于用人。”那些有才干的人就好像是一匹千里马，只有伯乐才能识别，所以不言而喻公司的管理者就是伯乐。

所谓伯乐，就是能善于发现千里马的优点，并加以利用。同样地，既然经理和主管被称为伯乐，他们在用人方面也是善于发现并挖掘他们的长处，而且，这些管理者在选择和提拔人员时，也是以他们的长处为标准来进行筛选的。

依中国评价人才的观点来看，比尔·盖茨至多是个大学毕业生，曾宪梓只是个裁缝店里的学徒。但是他们都成功了。我们总是希望职员是政治素质高、谦逊、有能力……其实，尺有所短，具有所有这些要求的其实是最平庸的人，真正的人才成长过程其实是如同戏剧，大欢乐与大痛苦共存。你所要做的，如同导演一样，去指挥那些天才演员成就伟大的戏剧。

卡耐基的碑文是：“一位知道先用比他本人能力更强的人来为他工作的人安息在此。”卡耐基不愧为最伟大的管理者，临死都不忘“拍马屁”，却又道出了管理者的真谛。好的管理者如同指挥家，他不会弹钢琴，不会拉小提琴，不会吹小号……但只要他一挥指挥棒，每个天才乐手会在他的指挥下合奏出最美的乐章。管理者就要同指挥家一样，懂得组织里的成员的长处并要欣赏它们。把成员的这些优点发挥到极致，组成最优秀、最有创造力的团体。

不要犯上级可怕的官僚主义的毛病，不要端出上级的样子。你的部下只会为他们的工作服务，而不是为你服务，马尔蒂尼一直认为他是主教练，所以他没有重用巴乔，所以94世界杯上意大利铩羽而归。

世界上没有一块没有瑕疵的玉，因而也没有完美的人。选人的原则是他是否能做事而不是他的性格如何。

其实没有一个人能做到学贯中西，能做到无所不知，可笑的是这样的词常常出现在对某个人的形容词当中。这是虚伪的，更是对人性的侮辱。世界上最大的人就是那些在一个领域或几个领域有着深刻研究和创造性发展的人，甚至这样的人都只是少数。

鲁迅称得上博学多才了，可他对品德一无所知，把周作人、梁实秋骂得狗血喷头。钱钟书学识丰富，可他考清华时数学是不及格的。作为一个管理者，你应明白，完人是不存在的，缺点和无知是必然存在的。不要因为太阳有黑子就拒绝使用太阳能，知道你部下的长处，便让他们做他们最擅长的事，这样资源得到了最好的配置，才会产生最大的效益。

埋怨部下无能的主管其实是最无能的，因为不存在没有才能的部下，只有不会使用部下才能的主管。这样的主管，常常忘了他的本职是什么，在你还没认真了解一个部下前，先不要妄加断定，最成功的主管就是让部下做他们能做的事，要做到最好。

组织是合作的形势，一般要加调料，料酒能调味，姜辣能去腥……如同组织里的人一样，优点与缺点共存，能发挥每个成员优点的组织最完美。煮虾不用配料，因为没有其他的东西能比它更鲜美，而你恰好能力极强，就像煮虾一样吧，做一只独狼，合作是会阻碍你的发展的。

一个人才华横溢，具有奇思妙想，却尖酸刻薄，让他去做最好的军师而不要希望他成为外联部的干将，我举这个例子，是想说人各有所长，就各有其位，如何把他们放在适合自己的位置上，在这个位置上，他们的优点会得到尽情发挥，而缺点的发挥却受到了限制，这是一个优秀的管理者要做到的。

管理智囊

管理者就要同指挥家一样，懂得组织里的成员的长处并要欣赏它们，把成员的这些优点发挥到极致，组成最优秀、最有创造力的团体。

人力资源的规划要与发展规划相匹配

戴夫·乌尔里克，被誉为人力资源管理的开创者，他最早提出了“人力资源”的概念。在此之前，人力资源被叫作“人事管理”。乌尔里克认为，现在唯一剩下的有竞争力的武器就是组织，因为那些传统的竞争要素，如成本、技术、分销、制造以及产品特性，或早或晚都能被复制，它们无法保证你就是赢家。

那么，到底如何理解人力资源的规划，又如何做好这个规划呢？

一、人力资源规划的概念

人力资源规划，是指根据企业的发展规划，通过对企业未来的人力资源需求和供给状况的分析及估计，对职务编制、人员配置、教育培训、人力资源管理政策、招聘和选择等内容进行的人力资源部门的职能性规划。通常，人力资源规划说明的是人力资源部门未来要做的工作内容和工作步骤。

人力资源规划根据时间长短不同，可分为长期规划、中期规划、年度规划和短期规划四种。长期规划适合于大型企业，往往是5～10年的规划；中期规划适合于大型、中型企业，一般的期限是2～5年；年度规划适合于所有企业，一般每年进行一次，常常是企业的年度发展规划的一部分；短期规划适用于短期内企业人力资源的变动情况，是一种应急规划。

人力资源规划与企业发展计划密切相关，是达成企业发展目标的一个重要部分。企业的人力资源规划不能与企业的发展规划相背离。

二、人力资源规划的作用

1. 有利于组织制定战略目标和发展规划

人力资源规划是组织发展战略的重要组成部分，同时也是实现组织战略目标的重要保证。

2. 满足组织生存发展过程中对人力资源的需求

人力资源部门必须分析组织对人力资源的需求和供给之间的差距，制定各种规划来满足组织对人力资源的需求。

3. 有利于人力资源管理活动的有序化

人力资源规划是企业人力资源管理的基础，它由总体规划和各种分规划构成，为管理活动（如确定人员的需求量、供给量、调整职务和任务、培训等）提供可靠的信息和依据，进而保证管理活动的有序化。

4. 有利于调动员工的积极性和创造性

人力资源管理要求在实现组织目标的同时也要满足员工的个人需要（包括物质需要和精神需要），这样才能激发员工持久的工作积极性，而只有在制定了人力资源规划的条件下，员工对可满足自己的东西和满足的水平才是可知的。

5. 有利于控制人力资源成本

人力资源规划有助于检查和测算出人力资源规划方案的实施成本及其带来的效益。通过人力资源规划预测组织人员的变化，调整组织的人员结构，把人工成本控制在合理的水平上，是组织持续发展不可或缺的环节。

三、人力资源规划的内容

企业的人力资源规划可以分为战略规划和策略规划。战略规划制定人力资源管理的原则和目标；策略规划则重点强调具体每项工作的实施计划和操作步骤。一个完整的人力资源规划应该包括以下几部分。

1. 总规划

人力资源总规划包括人力资源规划的总原则、总方针和总目标。

2. 职务编制规划

职务编制规划包括企业的组织结构、职务设置、职务描述和任职资格要求等内容。

3. 人员配置规划

人员配置规划包括企业每个职务的人员数量、人员的职务变动情况、职务空缺数量等内容。

4. 人员需求规划

通过总规划、职务编制规划、人员配置规划可以得出人员需求规划。需求规划中应阐明需求的职务名称、人员数量、希望到岗时间等。

5. 人员供给规划

人员供给规划是人员需求计划的对策性规划。主要包括人员供给的方式（外部招聘、内部招聘等）、人员内部流动政策、人员外部流动政策、人员获取途径和获取实施等。

6. 教育培训规划

教育培训规划包括教育培训需求、培训内容、培训形式、培训考核等内容。

7. 人力资源管理政策调整规划

人力资源管理政策调整规划应明确规划期内人力资源政策的调整原因、调整步骤和调整范围等。

8. 投资预算

上述各项规划的费用预算。

管理智囊

人力资源规划与企业发展计划密切相关，是达成企业发展目标的一个重要部分。企业的人力资源规划不能与企业的发展规划相背离。

识人用人，论才能也论品格

在运用人才上，只要不存私心，经常考虑何者当为，何者不当为，进而发挥潜在力量，是不难迈向理想境界的。

美克德公司是一家经营唱片和音响的企业集团，在“二战”前，就已声誉显赫。可是由于受战争的影响，这家拥有一流人才和高超技术的公司，迟迟不能展开重建的工作。最后，因种种的原因，由松下电器公司接管。为了使它从战败的挫折中复兴，松下幸之助非常慎重地思考经理的人选。最后，决定把这个重担托付给野村吉三郎先生。

野村先生在第二次世界大战期间，曾担任过海军上将，退役后转任外务大臣。在 1940 年，大战局势发展到最紧张时，美国考虑是否加入亚洲方面的战事，日美关系正濒临破灭的阶段，野村先生便以天皇特命全权大使的身份到了美国，为美日两国的和平进行交涉。

可是，就在他对美国提出种种和平建议时，日本偷袭了美国珍珠港海军基地，终于引发了太平洋战争。

野村先生和松下幸之助同是和歌山县人，野村不仅是松下幸之助的长辈，也与松下幸之助有很好的私人友谊，是松下幸之助一生中最敬佩、人格最高尚的伟大人物。战后，松下幸之助正为美克德公司的领导人选伤脑筋。当松下想到自美国归来的野村先生时，就认识到如果能请这位德高望重、具有高尚人格的野村先生来出任中心领导者，做公司的精神支柱，那么美克德公司的重建工作就指日可待了。

于是，松下幸之助非常坦率地把心中的想法告诉他，并请他务必接受邀请，想不到野村先生非常爽快地答应了，并且说："我对经营事业一点也没经验，但我唯一的长处，就是了解用人。诚如你说的，美克德公司拥有许多一流的人才，那么我的工作，就是要尽快促使那批优秀人才，发挥他们的潜力。"这个看法和松下幸之助心中所想的不谋而合，于是人选很快就定案了。

无疑这个人事决定使许多人大感意外，甚至松下幸之助周围的人也表示反对，他们认为，以美克德这样的小型公司，聘请曾任外务大臣的野村先生来担任经理，不是大材小用，太委屈他了吗？从另一角度说，以美克德这样的小型公司，想独占像野村先生这样具有伟大人格和才干的人，也实在太自私了。当然，他们都是出于一番善意，为野村先生着想。幸好，野村先生并不同意这种肤浅的看法，他认为，战后，社会最需要的就是安定和繁荣。在美国，许多过去拥有辉煌战功的名将，也都纷纷加入民间公司，以个人的工作来贡献社会。至于战败的日本人，就更不应该拘泥于以往的地位，因为真正有地位的人，是那些能通过工作，把力量贡献给国家、社会的人。

从这一点可以看出野村先生淡泊名利、勇于负责和进取向上的崇高人格。正如野村先生自己所说的，他对企业的经营完全是外行，对唱片、音响更是一窍不通，所以在主持美克德业务的过程中，也发生过一些有趣的小插曲。

有一天，在领导会议上，有人提议要和美空云雀签约出唱片，但野村先生却问："美空云雀是谁？"美空云雀可以说是当时家喻户晓的人物，她不仅是日本排名第一的红歌星，也拥有众多的歌迷。像这样有名的艺人，身为唱片音响连锁企业的领导人居然不知道，真是趣闻。后来，这个故事传到外面，往往被人拿来当作讽刺的资料，甚至有人说："一个唱片公司的经理居然不认识美空云雀，那他一生中能认识几个人呢？"

可是这些批评并没有影响野村先生的地位。诚然，他不认识美空云雀，可是，他知道身为一个领导者所应该知道的事。他博学多闻，品格高尚，美克德能有这样的一位领导者，使得具有专业技能的人都有机会充分发挥自己的长处，这的确是件幸运的事。

不可否认，美克德公司在一个不知道美空云雀的经理领导下，很快从战后的废墟中重建起来。这个业绩，你能说它只是一个奇迹吗？这并不是奇迹，而是凭着野村先生的人格修养、经营知识和磨炼创造出来的。尽管他不知道红歌星的名字，但无损于他的成就。可见在商场上，不仅知识和技术重要，同时更应以正义的立场、公正无私的生活方式，来表现高尚的人格，这也是用人的一个要诀。

管理智囊

在商场上，不仅知识和技术重要，同时更应以正义的立场、公正无私的生活方式，来表现高尚的人格，这也是用人的一个要诀。

择其长者而用之，恕其短者而避之

领导者应以每个下属的专长为思考点，安排适当的位置，并依照下属的优缺点，做机动性调整，让团队发挥最大的效能。

《淮南子·道应训》中有一段这样的记载：

楚将子发非常喜欢结交有一技之长的人，并把他们招揽到麾下。当时有一个其貌不扬、号称“神偷”的人，子发对此人也是非常尊敬，待为上宾。有一次，齐国进犯楚国，子发率军迎敌。由于齐军强大，三次交战，楚军三次败北。正当子发一筹莫展的时候，那位其貌不扬的“神偷”主动请战。当天夜里，在夜幕的掩护下，“神偷”将齐军主帅的帷帐偷了回来。第二天，子发派使者将帷帐送还给齐军主帅，并对他说：“我们出去打柴的士兵捡到您的帷帐，特地赶来奉还。”那天晚上，“神偷”又将齐军主帅的枕头偷来，然后又于次日由子发派人送还。第三天晚上，“神偷”又将齐军主帅头上的发簪偷来，次日，子发照样派人送还。齐军士兵听说此事，甚为恐惧，主帅惊骇地对手下说：“如果再不撤退，恐怕子发要派人来取我的人头了。”于是，齐军不战而退。

一个企业需要的人才是多种多样的，同时，每个人也只能够在某一方面或某几个方面比较出色，不可能在各个方面都非常出色。高明的领导者在用人时，不会盯住人才的缺点，而是发现人才的长处，让他的某方面特长能为团队的事业做出贡献。

明代永乐皇帝朱棣是一位很有作为的皇帝。他当皇帝二十多年，摸索出了“君子与小人”的一套用人经验。有一次，他和内阁辅臣聊天时谈到用人，对现任的六部大臣逐一评价，说了一句：“某某是君子中的君子，某某是小人中的小人。”这两个人当时一个是吏部尚书，一个是户部尚书。

用“君子中的君子”我们很容易理解，举国上下那么多人，为什么朱棣还要让一位“小人中的小人”担任那么重要的职位呢？这正是朱棣用人高明之处：让“君子中的君子”做吏部尚书，不会结党营私，把自己的门生、亲戚和朋友全部安排到重要岗位上，而是以国家利益为重，为国家、朝廷选拔人才；而“小人中的小人”做户部尚书，会为了把财税收起来不择手段。朱棣每年的军费开支非常大，正常的财政收入根本无法应付，除了常规的赋税外，每年还必须有大量的额外收入来支撑军费，所以他必须找一个会给他搞钱的“小人”。

有那么一位颇具盛名的女园艺工程师，专业上很有造诣。不料被上司选中，一下子提为某局局长。结果，女工程师的业务用不上了，对局长的工作呢，既不擅长，又不乐意干，两头受损失，很是苦恼。

这就叫作“舍长就短”。举人者也是出于好心，想重用人才，但由于不懂用人的“长短之道”，反而浪费了人才，造成了新的外行。

最糟糕的领导就是漠视下属的短处，随意任用，结果总是使下属不能克服短处而恣意妄为。一个成功的领导者，在带领成员时，并不是不知道人有短处，而是知道他的最大任务在于发挥他人的长处。

然而，如果一个人的短处足以妨碍其长处的发挥，或者妨碍到团队组织的纪律、正常运作与发展时，那么领导者就不能视而不见，而且必须严正地处理了。尤其是在品德操守方面，正所谓：人的品德与正直，其本身并不一定能成就什么，但是一个人在品德与正直方面如果有缺点，则足以败事。所以，领导者要容忍短处，但也要设定判断及处理的准则。

有人说：没有平庸的下属，只有平庸的领导。每个人都是长与短的统一体，任何人只能在某一领域是人才，一旦离开他精通的领域，人才就会变成庸才。因此领导者在用人时，只能是择其长者而用之，恕其短者而避之。任何人的长处，大都有其固有的条件和适用范围。长，只是在特定领域里的“长”。如果不顾条件和范围，随意安排，长处就可能变成短处。

管理智囊

高明的领导者在用人时，不会盯住人才的缺点，而是发现人才的长处，让他的某方面特长能为团队的事业做出贡献。

避免机构臃肿，淘汰无用之人

对于一个企业来说，不仅仅应该具备退休制度，而且还应该具备“裁员”“淘汰”制度。这也是提升企业整体执行力的有效措施之一。

这就好比，一个狼群，要想时刻保持强大的竞争力，就得时时刻刻准备淘汰那些“无用”之狼。当然，这种“淘汰”并不是纯粹的丢弃，而是将他们调离重要的岗位。比如调离捕猎团队，放在保卫家园、当狼保姆的岗位上，它们丰富的经验既能给小狼以教育，又不会因为自己的年迈而影响到捕猎的整体效率。人类社会中的“退休制度”，在一个优秀的狼群之中同样存在。

美国通用电气（General Electric）公司，简称GE公司，是世界上最大的电器和电子设备制造公司，它的产值占美国电工行业全部产值的1/4左右，其产品多达25万余种。1896年创立的美国著名的道·琼斯工业指数在100多年的时间里，GE公司是至今唯一一家榜上有名的“长寿”企业。GE公司从1998—2002年连续5年位居《财富》杂志“全美最受推崇公司”排行榜的首位；被《金融时报》评为“世界最受尊敬的公司”；被《福布斯》杂志评为“全球超级50强”之首。2004年，GE公司在《财富》世界“500强”企业中排名第9位，年营业收入1341.87亿美元。

进入20世纪80年代，GE公司这个历史悠久的企业即将步入盛极而衰的时期。恰在此时，杰克·韦尔奇于1981年出任GE公司总裁。当时GE公司有41.2万名员工，管理者多达2.5万名，其中大约有500名高级管理者和130名副总裁及以上级别的管理者。臃肿的机构和等级制度已经成为企业的累赘，官僚体制窒息了公司原有的创造性和创新激情。杰克·韦尔奇一上台就以令世人瞩目的强硬作风，大规模地解雇了近35%的雇员，全力实施改革企业内部管理机制，制定了提高工作效率的组织战略和力求在全球性竞争中保持领先地位的市场战略，积极实践给企业“消肿”“减肥”的重组计划。在极短的时间内，使这个日渐衰落的企业面目一新，爆发出强大的活力。

20 世纪 80 年代中期，杰克·韦尔奇倡导“速度、简捷与自信”，致力于提高企业的生产和工作效率。20 世纪 90 年代，杰克·韦尔奇倡导“无界限组织”和“群策群力”的管理理念，极力消除等级界限，发掘员工潜力，最大限度地调动员工的积极性。20 世纪 90 年代后期，杰克·韦尔奇又推行了“6 西格玛”质量管理，动员整个公司全力以赴，实现企业发展战略方面的新突破。可以说，杰克·韦尔奇在 20 年里一直在对 GE 公司实施管理创新，加大执行力度，使之成为全球最具竞争力的公司。

2001 年，GE 公司总资产达到 4950 亿美元，在全世界 100 多个国家开展业务，拥有员工近 30 万人，年销售收入从 1981 年的 250 亿美元增长到 1259 亿美元，净利润从 1981 年的 15 亿美元上升为 141 亿美元。GE 公司的市值由 130 亿美元上升到 4800 亿美元。杰克·韦尔奇在任职的 20 年中，之所以能够将一个弥漫着官僚气息的公司打造成为充满朝气、富有生机的企业巨人，最主要的原因就在于他制定了有效的管理措施，并且强有力地执行。

很多企业的执行总会或多或少打折扣，一个关键的原因就是“无用之人”太多，从而造成机构臃肿，降低了工作效率。作为管理者必须明白：企业不是慈善机构，不能为企业创收，就得接受被淘汰的命运。要想企业获得发展，就应该狠下心来，淘汰那些无用之人，精简机构，提高效率。

管理智囊

要想企业获得发展，就应该狠下心来，淘汰那些无用之人，精简机构，提高效率。

以偏概全不可取，全面了解才能知人善任

对于“光环效应”，很多人也许并不陌生。最早的提出者是美国著名心理学家桑戴克，他于20世纪20年代提出这一效应。他认为，人们最初对于人和事的判断往往只是从局部出发的，就像日晕一样，是由一个中心点逐步向外扩散的，形成越来越大的圆圈，并由此得出整体印象。这是人们常有的以点代面、以偏概全的评价倾向。

这一效应表现在现实生活中，即如果认为某人具有某个突出优点，这个人就被积极肯定的光环笼罩，并被赋予更多好感；如果认为某人具有某个突出缺点，这个人就被消极否定的光环笼罩，甚至认为他的其他方面都不好。

在管理工作中，“光环效应”的危害是一叶障目、以点代面、以偏概全，容易影响管理者对人才考核的准确性和对人才评价的可信度。这就提醒从事管理工作的领导者们，在真正了解一个人前，切勿太轻信事先得到的信息，更不可凭一时的感觉。只有全面地了解人才、认识人才，才能有效地管好、用好人才。

为此，我们不妨来看下面这个案例：

美国一个大型企业，准备在印度尼西亚建造一间化工厂，也投入了大量的资金。可是，应该由谁来管理这家工厂呢？总部的人考虑，应该找一名熟悉该项目的人负责，于是，他们将该工厂的重担交给了远在巴西另一家工厂的管理者。

此人在巴西业绩不错，并且长期从事技术工作，精通业务，按照常理来说，是可以管理好这家工厂，并把工厂的生意做红火的。但事实上，他是一个只懂得技术而不懂市场经济和公共关系的人，连起码的定价策略都说不出个所以然来。

然而，总部的人对此人太放心了，他们认为他来自发展中国家，熟悉这些国家的基本国情，又精于技术，应该能够处理好日常工作，因此就没派人前去主持全面工作。

无谓的“放心”酝酿了不良的后果，工厂迟迟不能开工，等开工后产品已经很难卖出去了，最后总部只好忍痛割爱，将这家工厂转移到了另外一个国家，但这期间的耗资已覆水难收。

从以上案例中，我们看到了一个企业因为对人才缺乏全面的了解而造成了巨大的损失。其中影响这家企业决策的就是光环效应。光环效应是一种认知偏差，不利于领导者全面正确地认识人才。比如，某个人才在技术方面有杰出的表现，未必就表示他在其他领域也有类似的杰出能力，领导者不要轻易地被这类人才的光环所迷惑。

实际上，光环效应是一种以偏概全的主观心理臆测，其错误在于：

第一，事物的内在联系与外貌特征并无多大的联系，但这一效应却把它们联系在一起，并断言有这种特征必然会有另一种特征；

第二，事物的个别特征并不能推己及人，证明有一半特征的存在，但这一效应却习惯以点代面评价这一问题；

第三，它过于绝对，并受主观偏见的影响，它说好就全都肯定，它说坏就全部否定。

当然，我们不能否定光环效应也有一些正面影响，但此时，我们更不能忽略它的负面作用，因为，笼罩在光环之下的人或事物，一旦出现问题，引起的后果就有可能是毁灭性的。

那么，领导者在为企业选用人才的时候，应该如何避免光环效应的负面影响呢？

1. 注意“第一印象”

根据首因效应，我们得知，人们往往对某个人的第一印象，都有先入为主的特点。在管理工作中，领导者也会经常凭第一印象来判定对方是不是企业需要的人才，当然，如果第一印象好，就会给以后的交往打下良好的基础。从这个意义上说，注意给人留下良好的第一印象是必要的。但初次接触，你所获得的关于对某个人或者某件事的判断材料往往是有限的，也是外在的，因此存在一定的虚假性。

因此，冷静、客观地对待第一印象，并在思想上具有否定第一印象的意识是非常重要的。

2. 不要强加主观印象

事实上，有些领导者认为自己“阅人无数”，于是，他们很认同自己的主观感觉，比如，他可能总是看到人们好的一面，这是因为他本身就是一副菩萨心肠。而如果他总是从恶意的角度来评判一个人，他会认为他人是“别有用心”的，这是因为他本人猜疑心重。因此，要想公正公平地评价一个人、避免各种偏见，从而为企业挑选到合适的人才，领导者必须克服这种主观印象。

3. 避免“以貌取人”

苏联心理学家鲍达列夫曾向72个人调查，他们是怎样理解人的外貌的。其中2人认为肥厚的嘴唇是憨厚朴实的标志，3人认为粗硬的头发表示倔强的性格，9人回答方方的下巴是意志坚强的标志，宽大的前额是智慧的标志，14人认为肥胖表示心地善良等。

这个调查结果是有趣的，也具有一定的普遍意义。我们都知道，人们的这些心理特征是天生的，也是固定不变的，但可以从中判断一个人的性格特征，而这正是这一调查结果的有趣之处。当然，这样的推断是含有很大的偏见成分的。

为此，领导者在识人的时候，只要确立不满足于表象，而注重了解对方心理、行为等深层结构，就能有效地摆脱外貌光环的影响。

管理智囊

在真正了解一个人前，切勿太轻信事先得到的信息，更不可凭一时的感觉。只有全面地了解人才、认识人才，才能有效地管好、用好人才。

“叛逆”出才子，人微言不轻

下面几点是待人处世的难点、重点，又是经典。

（1）妙处人际关系

三人行必有我师。如果其中的一个有着其他两个所没有的本领，那么这个人肯定能成为他们的首领，其他两个能对他言听计从是最好。所以对于这个首领来说，吸纳这些忠心耿耿的手下进入他的团队那就更好了。

如果团队中，这些队员只会一味谦虚，互相推让，那么也会让这个团队失去活力。所以在组织这个团队时，最好还是选那种比较有个性、有主见的人，这样大家互相之间进行争辩，最后在首领的作用下，得出一个正确观点，这才是保持团队活力的要领。

当你身为领导者，总不希望下属整天对你的观念、看法言听计从，因为他们根本就没有创新的能力，抑或就算有也没有这个胆量。这会让一个领导，尤其是好领导感到腻烦。解决这种烦恼的方法就是去找几个“叛逆”分子进入你的公司。不要小看这些叛逆分子，他们往往能带给你很多新鲜的东西，为公司带来高效益。当然要管理他们绝非易事，要学会容忍。以下几点是他们会产生的效果：

① 创造新观念；

② 激发经理和主管去自我检查；

③ 改变经理和主管以往的做法。

各人有各人的个性、各人的信仰，你看不上眼、不愿与之相处的大有人在，但是如果这些人具有上述三点之中的某一点，你应该放下你的偏见，试着与他交流。因为与这些人相处，不仅能让你锻炼怎样与下属相处，还可以找出自己能否与讨厌人来往的能力。

良药虽然苦口，但效果却是显而易见的。在人际关系中也是一样，如果你的周围，都是一些奉承、拍马，为一斗米而折腰的人，那么对自己是有百害而无一利的。相反，那些只会指出你的错误的人，当时可能会让你很难受，但回到家仔细想一想，却能让你茅塞顿开，找出自己的不足。

当然，当下属指出你的错误时，或许他讲得也有错，但只要里面还有值得肯定的成分，那么你还是要给予鼓励。对于这些建议，取其精华，去其糟粕。

（2）让下属自己主动去发现问题并解决它

有些优秀的下属，目中无人，很高傲，而且还是老顽固。

“科长，现在想靠这种方法吸引顾客是不大可能的。”

“你先照我说的去做，以后再来抱怨。”

“等到失败一切就太晚了。”

“为失败负责的人是我，又不是你。”

“我拒绝费力气在没有意义的事情上，请采用我的方法，这个方法我认为最好。”

也许看到以上这段话的经理和主管，会大发雷霆。但是，要知道，像这样有主见、有能力、正直的人不多了，尤其是在这个社会中，十之八九都是对你毕恭毕敬的人。而他们恰是一些庸才，无法为你创造更高的效益。

下面这位经理和主管，他很擅长言辞的技巧。

“这阵子公司内信息流通、意见交流的情况怎么样？是不是不大好？”

下属听了这些，竟说不出话来，而且还表现出了一副哑巴吃黄连，有口难开的样子，那位领导看了一下，又接着说道：“尽管批评无妨，公司很需要你们这些年轻人的新看法。”

这就犹如皇帝下了一道免死的圣旨，下属马上放下警惕说：“真的吗？”

“其实就按我的看法而言……”于是下属道出了平时积累下来

的不快。

“原来如此，这样啊。”这位经理和主管还边问边答边做笔记。

看到领导如此重视自己的看法，下属就完全没有了顾虑和担忧，没准儿还会说出一些在公司中很敏感的话题。所以作为领导者，要学做一个能让别人有向你倾诉的强烈欲望的聆听者。

等他们把该说的话全都说完后，不管你是否赞成，都要以体谅的口气对他说：“我此刻很了解你的心情，今后也请你继续发掘问题，我会尽最大努力改善它。”

你用这种方式发问，其实也就是让下属替你找出解决的办法。就算说得不是很好，他对你这个如此体谅人的领导也是会感激不尽的。

(3)要学做聆听者

做领导者，领导能力强，那肯定是无可厚非的，但具有超强的亲和力的却不多见。但在一个公司中，管理这么多员工，没有亲和力，你只做个光杆司令，那肯定是行不通的。

那么何谓领导能力呢？所谓领导能力，即有正确的超前的想法，命令指示都准确无误，且下属都会认真完成你所下达的任务。但是要想人家都对你有好感、认同感，彼此立场保持一致，那可不是一朝一夕能达到的。

其实要想拥有这种能力，说难也难，说不难也不难。不难是说，只需要你有足够的耐心并且真诚聆听。难就难在，聆听就必须是被动的，这是作为一个领导者最难忍受的一件事，也正因为如此，能真正做好聆听者的领导，少之又少。

要抓住人心，就要在平时养成能聆听别人的习惯，这一般都是出色的管理者所拥有的能力。但在现实生活中，缺少聆听能力的管理者却很常见，他们只会做说话的主人，而且说起话来振振有词，不管你同不同意，不管你是否厌烦，他就是滔滔不绝，说起来没完。但是一旦听下属说，就是难上加难。不仅如此，他还经常用言语来责骂那些有意见的员工。当然，这种自以为是的官员迟早会被赶下台的。

从事管理工作的人要学会聆听，那么干顾问和辅导工作的就更不能没有聆听这门技巧了。因为仔细聆听了，那些顾问人员才能解决对方存在的问题。而辅导人员才能对症下药，好好地帮助那些有困难的人，帮他们渡过难关。所以，做好聆听这份工作，会使你的工作事半功倍，而且仔细聆听，还是处理人际关系的一大法宝。

在聆听下属的时候，就算他有时说得不是很对，你也要坚持听下去，并保持诚恳的态度耐心地听他把话说完，然后你再去思考那些值得给的建议。作为经理和主管，只要你这样做了，他们不仅会对你产生好感，还会更加的信任你，紧密地跟你团结在一起。

一般地，人的权力越大，地位越高，就越容易忽视地位微不足道者的言论。但恰是这些他们最容易忽视的言论，却十分有益。所以要重视它，更要学会它。

管理智囊

从事管理工作的人，找几个“叛逆”分子进入你们的公司，并学会聆听和重视地位微不足道者的言论，会使你的工作事半功倍。

权力的下放不等于监督制约的放弃

2006年6月7日，TCL集团对外发布公告称，袁信成已经辞去其担任的TCL集团董事及首席运营官（COO）职务；胡秋生辞去其所担任的TCL集团董事及高级副总裁职务，胡秋生还同时辞去TCL与汤姆逊的合资企业——TTE公司执行董事长职务。两人辞职后，李东生一人身兼TCL集团董事长、总裁、首席执行官、TTE董事长等数职。同样的事情，两年前的2004年12月19日，国产手机的领军性人物、TCL移动的前负责人万明坚辞职。

如此重大的人事调整，自然会引发无数新闻。一连串突发事件之后，李东生开始反思自己的用人方式，他为此写下了《鹰的重生》一文。

在文章中，李东生检讨道：

从我自己而言，反思过往推进企业文化变革创新的管理失误，主要有以下几点。

1. 没有坚决把企业的核心价值观付诸行动，往往过多考虑企业业绩和个人能力，容忍一些和企业核心价值观不一致的言行，特别是对一些有较好经营业绩的企业主管。

2. 没有坚决制止一些主管在一个小团体里面形成和推行与集团愿景、价值观不一致的自己的价值观和行为标准，从而在企业内部形成诸侯文化的习气长期不能克服，形成许多盘根错节的小山头和利益小团体，毒化了企业的组织氛围，使一些正直而有才能的员工失去在企业的生存环境，许多没有参与这种小团体和活动的员工往往受到损害或失去发展机会。

3. 对一些没有能力承担责任的管理干部过分碍于情面，继续让他们身居高位。其实这种情况不但有碍于企业的发展，影响公司经营，也影响了一大批有能力的新人的成长。

久而久之，使公司内部风气变坏，员工激情减退，信心丧失，一些满怀激情的员工报效无门，许多员工也因此而离开了我们的企业。回想这些，我感到无比痛心和负疚。

以上这三条，可以用两个字加以概括，说得好听点是宽容，说得难听点是纵容。李东生一贯强调充分授权，他说："选定一个项目，选定一个企业主管，就放手让他们去干。"他却没有认识到：任用人时的疑心是病态，而疑虑则是一种审慎的态度。

关于用人，尤其是高级管理人员的任命，究竟是该"用人不疑，疑人不用"，还是应该"疑人要用，用人要疑"？这是中国企业家长期争论而没有达成共识的问题。在考察备选人才的时候，管理者经常遇到一个两难选择：有些人德高于才，有些人才高于德。究竟该如何取舍，很难有一致的答案。

海尔总裁张瑞敏就非常强硬地指出：干部必须接受监督制约。张瑞敏认为：所谓"用人不疑，疑人不用"是小农经济的思想产物，是对市场经济的反动，是中国传统文化的糟粕，是导致干部放纵自己的理论温床。《海尔报》也曾撰写专文讨论这个问题。

该文指出，通过赛马赛出了的人才就用，但被任用了的人并不等于不需要监督。必要的监督、制约制度对于干部来说，是一种真正的爱护与关心，因为道德的力量是软弱的，不能把干部的健康成长完全放在他个人的修炼上。“无法不可以治国，有章才可方圆”，在市场经济条件下，权力在失去监督的情况下，就意味着腐败。所谓的道德约束、自身修养、素质往往在利益面前低头三尺。“将能而君不御”没错，但权力的下放并不等于监督制约的放弃。越是有成材苗头的干部、越是贡献突出的干部、越是委以重任的干部，越要加强监督。总之，只要他们手中有权、有钱，就必须建立监督制约机制。

在张瑞敏这种思路的指导下，海尔建立了系列“赛马规则”，包括三工并存、动态转换制度；在位监控制度；届满轮流制度；海豚式升迁制度；竞争上岗制度和较完善的激励机制等。

对人对事，产生怀疑是正常的。但领导者用人，不该只停留在疑的阶段，而应该经过三个阶段：怀疑、求证，再怀疑、再求证，而后得出正确的评判。否则，怀疑就毫无意义了。

某公司领导程经理，平时做事十分仔细，事无巨细都亲自下命令，并一一验收成果。某次他因公到国外出差 10 天。后来因某种原因又延长了 10 天。在这 20 天里，他一直担心自己不在的日子里，公司会乱成一团糟。

程经理心想，在那帮“没经过大事”的下属的“折腾”下，说不定公司已经天下大乱了。然而，程先生回国后却见到了意料之外的场景。这些下属的工作，完全没有因为他的出差而受到任何影响。而当他的行程决定延长时，下属们自动自发的心理更加强烈。

聪明的领导者都懂得这样一个简单道理：万事都要掌握度。你相信一个人，必须找出足以支持你论点的相关事实。不管是直觉还是事实，这些证据都必须是可靠和有说服力的，至少应足以使你自己确信：这个人值得信赖，相信他的为人与能力不会导致大的纰漏。

即使这样，你在相信他的同时，也千万不要丧失应有的警惕。你必须在合理的范围内怀疑每一个人。从人性的角度来讲，几乎每个人都是利己的，是追求自身利益最大化的。一旦万事俱备，东风也不欠的时候，人的利己的一面便会充分地表现出来。他们会想尽各种办法来满足个人的欲望。你应该做到，就是采取各种措施，防止这种不利局面的发生。

合理地怀疑，可以用这些方式来实现：对重要的职能工作应交由两个或两个以上的人同时完成，防止一人独断或舞弊状况发生；在公司高级管理人员中不明显地重用某人，而使他们彼此互相牵制、互相制约；设立复核或内部监督部门，定期或不定期地监督某些重要部门或人员；重要岗位的轮换制，防止一人专断和内部小帮派形成；在同一地区，选择两到三个分销商，使彼此竞争，防止单个分销商的要挟与欺骗顾客行为；不定期抽查与巡视，等等。

管理智囊

权力的下放并不等于监督制约的放弃，必要的监督、制约制度对于干部来说，是一种真正的爱护与关心，因为道德的力量是有限的，不能把干部的健康成长完全放在他个人的修炼上。

建立培训机制，营造育人环境

员工是企业最宝贵的财富，重视下属培训，能够提升企业绩效，引导企业形成共同价值观，增强企业凝聚力，构建和谐企业，使企业在激烈的市场竞争中，实现可持续发展。

联想集团柳传志曾对领导如是说："员工刚进公司素质不高，不是你们的错，但过一段时间后还没提升，一定是你们的错！"这说明，对下属培训非常重要。因此，企业必须营造育人的环境，建立人才培养机制，使人才不断成长，在工作中才更有拼劲。

日本松下公司的内部培训机制在业界久负盛名。为了培养人才，提升员工能力，松下公司制定了长期的人才培训计划，开设各种综合性的研修、教育讲座。公司还在日本和海外建起了多个研修所。

松下幸之助说：松下是造人才的企业，同时也生产电器。所以在松下人才的培训方式是多种多样的，培训不仅开心，而且开脑，也更开放。培训在松下无处不在，随时随地，人人都可参加。正是因为松下公司把人才培养放在首位，建立了一整套培养、激励、使用人才的办法，所以松下公司培养了一支精英人才队伍。在事业部长一级干部中，多数是有较高学历、熟悉管理、掌握一门或几门外语、经常出国考察、知识面广、年纪轻、精干而且雄心勃勃的人，这正是松下公司在激烈的市场竞争中能够实现高盈利的秘诀之一，也是它能够长远发展的有力保证。

培训是企业不可忽视的“人本投资”，是提高企业“造血功能”的根本途径。在西方国家，很多企业已不把培训当作一种成本，而是作为一种投资、一种激励方式，作为企业必不可少的经营活动之一。

西门子公司一贯奉行“人的能力是可以通过教育和不断培训提高”的做法。

西门子的培训由来已久。早期的培训是在车间进行的，后来建立了各类专门的培训学校，并有了专业的培训老师。公司旨在通过针对性极强的连续培训，提高全体下属的技能和素质，树立创新精神，不断提高企业及个人的业绩。

西门子公司认为：职工技术熟练与否，技术专家多与少，是能否增加生产、保证产品质量、保持竞争能力、赚取最大利润的关键。所以，西门子公司历任总裁都非常注重对职工的培训、培养，以提高他们的文化、业务水平。

为了使公司的广大职工真正受到培养，并且切切实实地提高业务水平，在1922年西门子公司拨款建立了“学徒基金”，专门用于培训工人，以便尽快使他们掌握新技术和新工艺。几十年来，公司先后培训出数十万熟练工人。近年来，还直接从厂内选拔数千名熟练工人送到科技大学和有关工程学院学习深造。此外，还有8万多名青年工人在5000多个技术学校、训练班、教育班学习。在德国同行业中，西门子公司的技术力量最为雄厚，车间主任以上领导人员都有工程师头衔，经理的领导层中技术人员占40%以上，熟练工人占全体职工半数以上。高技术员工生产出高品质产品，这是西门子公司经营的法宝和打进世界市场的锐利武器。

关于培训的作用，美国人力资本之父舒尔茨的研究指出，投资于人力资本比物质资本能获得更大的回报。研究证明，培训在工作中扮演着主要角色，提高10%的劳动力教育投资可以使劳动生产率提高8.6%，而同样价值的投入如果放在工具或者建筑上，生产率只能提高3.4%。另外一项研究发现，对工人从事新工作的再培训，在资金有效性方面比重新招募新工人更加合算。

从这组数据看出，通过培训对人力资本投资能获得巨大的回报，培训在企业中的地位越来越重要。企业和个人都把培训看成了提高技能和绩效的有效方法。人们对培训的期望越来越大，培训的时间跨度也越来越长，投入的成本也越来越高。

员工的能力决定着团队的发展前景，而员工的能力由业务技能、个人素质等多方面构成。这些能力的学习和强化，最主要的一个途径就是培训。因此，一个团队必须有完善的、科学的、有针对性的员工培训体系。

美国通用电气公司前董事长拉尔夫·科迪纳尔说："目前和未来社会中科学技术的发展和社会关系的日益复杂化，不仅使下属的培训和发展成为必要，而且提供了可能性。美国通用电气单靠经营管理方法的改进和提高，就可以使未来的生产能力提高50%。"这也就是说，公司下属技能的提高将直接影响到企业的生产能力，使企业获得较高的工作效率和竞争能力，这也为加强企业的生存和发展提供了物质保证。作为企业领导，我们要提高下属的素质，就必须构建一个能够主动应变、能够响应创新潮流的"教育加培训"的网络体系。

培训的最终目的是让下属受益，从而提高团队工作效率，获得高绩效利润。而实现这个目标，企业就必须充分考虑广大下属的利益需求，不断为下属提供可自由发挥的空间，让下属在自我培训中获得超越与发展。

如今是信息经济时代，团队竞争常常表现为知识、人才之间软实力的竞争，想在市场竞争中立于不败之地的企业都必须重视对下属的业务培训，用培训凝聚人心、鼓舞士气，激励下属不断保持高涨的工作热情，情绪饱满地工作。有的企业喜欢招聘有经验的人，来之能战，以求迅速为企业创造效益。但从节约开支角度考虑，还是培训现有员工比较"实惠"。如果舍得花大力气培训自己的下属，必能起到事半功倍的作用。

管理智囊

员工的能力决定着团队的发展前景，而员工的能力由业务技能、个人素质等多方面构成，这些能力的学习和强化，最主要的一个途径就是培训。

给予赞赏与肯定，帮助下属克服自卑

自信，是一个素质良好的员工必不可少的，因为自信是承受挫折、克服困难的保证，它在很大程度上影响和制约着一个人的工作能力。每个领导者都希望自己的员工能有十足的信心做好自己的工作，但一个团队中，总是会有由于自卑而发挥不出自己潜能的人，他们的实力并不比别人差，但往往克服不了自己的心理障碍，所以总是业绩平平，遇到困难或挫折就退缩，请求别人的帮助。

面对这样的员工，领导者要做的不是责备，而应该找到使他们产生自卑的原因，看看他们到底是因为经历过挫折的打击，还是因为觉得别人总是比自己优秀；找到问题以后，给予帮助。

那么，帮助应该如何下手呢？具体的细节可以参照以下方法。

1. 肯定和赞赏要切合实际

每个人都希望得到别人的肯定，这是一种心理上自然和正常的想法。如果下属做出的成绩得到领导的肯定和赞赏，那么下属一定会受到鼓舞，自信心和积极性也会被调动起来。但是，这个肯定和赞赏要把握好一个度，不能不切实际甚至夸大事实，这样不仅不会起到积极的作用，下属反而会觉得自己并不是领导说的那样而产生心理压力，甚至会误会，领导是在暗示自己现在能力很差，是让自己达到领导所期望的程度，在这种压力下，下属自卑的心理势必会恶化。

所以，领导肯定下属时不能夸大其词，而是要依据客观实际，给下属一个准确的评价。只有这样才能鼓励下属，给下属带来自信。

2. 让员工感受到自己的重要性

俗话说得好："好马行千里，犁田不如牛"，每个人都有自己一件或几件做起来得心应手的事情，在工作中也不例外，即使是不起眼的平凡岗位，也必须由能胜任的人来做，才能保证整个环节的正常运行。领导者认识到这一点以后，要对自卑的员工加以认可，让他们觉得在工作中，他们有着至关重要的作用，扮演着重要的角色。这样才有助于发挥他们的潜能，增加他们的自信。假如管理者对员工很冷淡，让员工觉得自己是公司中可有可无的一个小角色，自然会重创员工的自信心。

3. 给予信任并委以重任

信任与授权是增强下属自信心最有效的方法之一，日常工作中，把重任交给员工，以表示自己对他的信任和重视，多给他们一些机会，让他们在实践中获得成就感，用自己做出的成绩提高自信。

小吴耷拉着脑袋走进宋经理的办公室，情绪低落地对宋经理说："宋经理，客户依然坚持让咱们的维修人员过去，我告诉他过几天我们肯定去，可是那边暴跳如雷，非要我们立即派人过去，否则就要退货。"

宋经理拉长了脸，责备小吴："别告诉我这点小事你都处理不好啊，我不信你就这点能力。"

小吴垂头丧气地说："我是真没办法了，都快被客户折磨疯了。我知道自己的能力不行，所以来请您帮忙。"

宋经理生气了，唾沫横飞地说："帮忙，帮忙，你就知道找人帮忙，就知道说自己不行。有没有全力以赴？是不是没有回旋的余地了？你应该知道，每个人的工作都要靠自己，我真怀疑你的能力了。自己解决！别想靠别人。"

小吴灰头土脸地离开了，又给客户打去电话。电话刚接通，小吴就唯唯诺诺地说："能不能……我想……不知道可不可以过几天……过几天再去？"好好的一句话被他说得磕磕巴巴的，站在他身边的主管蒋涛听到了，拍了拍他的肩膀说："小吴啊，别紧张，你能力还是不错的，只是太不自信了。调整好状态，我相信你可以办到。你放平心态，就像和以前那些客户沟通时一样自然，再试试看！"

小吴深受鼓舞，重拾信心，终于和客户达成了一致意见。

缺乏信心的员工并不是因为缺乏实力才无法完成工作任务，而是因为低估了自己的实力。作为领导者，首先，告诉员工，在提升自己能力的同时，加强心理素质的锻炼，比如，主动和陌生人打招呼。在工作中，不要产生依赖心理，总觉得事情搞不定会有人帮助，把它想成只能自己去完成。其次，对于他们做出的成绩，领导者要给予肯定、鼓励和赞美，对于他们所犯的错误，给予指正，而不是严厉地批评和斥责。

管理智囊

信任与授权是增强下属自信心最有效的方法之一，把重任交给员工，以表示自己对他的信任和重视，让他们在实践中获得成就感，用自己做出的成绩提高自信。

采用游击战术，杀一儆百

在众人面前批评某位下属，其他的下属亦会引以为戒。此即所谓的“惩一儆百”。其意并非真的处罚一百人，而是借由处置一人来使他人反省。

有的领导面对员工犯错的情况往往不知如何是好，想惩一儆百却又怕犯了众怒，如此犹豫不决，反而有姑息养奸之嫌。

如果有一件事可以很明显地看出是小张的过错，同事认为经理应该会对他发相当大的脾气，然而领导却只是让他以后小心点便原谅了他的过错，为此大家颇感失望。“前有车，后有辙。”再有员工出现过错时，也就无法批评他了。渐渐地你的“刀口”越来越钝，最后你会落得谁也不敢骂的下场，而无法继续领导下属。所以在需要批评时，就必须大声地批评。

当场被批评的人，宛如众人的代表，并不是一个很讨好的角色。在任何团体中，皆有扮演被批评角色的人存在。但是这个角色绝非每个人皆能胜任，必须选出一个个性适合的。他的个性要开朗乐观、不钻牛角尖，并且不会因为一点琐事而意志动摇，如此方能适合此项“任务”。应避免选用容易陷于悲观情绪，或者太过神经质的人。若错误地选择了此类型的下属，往后将带来许多的困扰和麻烦。虽然你只能对自己的下属批评，但有时你也会遇到必须批评其他单位员工的情况。这不仅越权而且违反公司的准则，然而相信亦有例外的情形。

某家服装公司的销售部主任，平时即对采购科科长的应付态度和太过懒散颇为不满，但由于对方的身份是科长，因此无法当面指责。虽然这位主任曾经与自己的上司——销售部科长讨论过，然而由于上司是位好好先生，因此无法得到任何解决的方案。就在思索如何利用机会与对方直接谈判时，分发部的某位员工因未遵守缴交期限而出现问题。营业部主任便借机大声批评那位犯错的员工。他特意在采购科科长面前批评。此时采购科科长并未表示任何意见，然而弊端在不久之后便改善了。

此项技巧简单地说，就是采取游击战术，若对敌人采取正面攻击时比较麻烦，但是若你本身有理，就不会觉得那么可怕。遇到形式上的反攻时，只需稍微转一下身便可反击。对于无法与其正面争吵的人，若企图使其认同你的主张，则上述方法不失为一则妙方。

领导者借由批评下属的行为，亦能转换为本身的警惕。你在批评下属“不准迟到”时，自己也绝不可迟到。当你批评喝醉酒的下属时，自己也不可有喝醉酒的情形发生。借由对下属的批评，而受益最多的人或许是自己。因此，你更不应该错失良机。必须谨慎地选择批评的机会，并且好好珍惜被批评的下属。只有招募员工时才阿谀奉承，并且举办各项迎新活动，一旦确定他们成为正式员工后，便突然变得冷漠、严苛的这类阴险狡猾的公司并不在少数。新进员工由于沉迷于刚进公司时的欢愉气氛，以致对往后的工作气氛容易感到失望。若又遭到领导者责备，情绪必定会跌至谷底，然而亦不能因此而骄纵下属。

比如，员工陈某犯了错误，领导者是应该批评他的。但领导实在无法拉下脸来，便想尽方法使陈某反省、改过。他做每件事都刻意妨碍到陈某的工作，他认为经由此，陈某的行为应该会改善。事实上，这位领导者的做法毫无意义，无论对其本身或陈某来说，这都只是不愉快的经验而已。该红脸时不妨红脸，该白脸的时候，也不妨扮扮白脸，让下属看看你的不可触犯的一面。

如果不是一个下属在你面前为所欲为，而是一群，这时你该怎么办呢？不妨惩一儆百。

管理智囊

有的领导面对员工犯错的情况往往不知如何是好，想惩一儆百却又怕犯了众怒，如此犹豫不决，反而有姑息养奸之嫌。

对桀骜不驯的下属，采用“紧箍咒”式管理

在组织系统中，必须重用能人，如果都是平庸的人，这个部门可能最终也搞不好，但能人大多数都桀骜不驯，他们足智多谋、锋芒毕露、野心勃勃，根本不是领导者用一般方法能控制和制约的。有时，领导者提出的意见往往会被这种员工证明是愚蠢和错误的，领导的位置也极有可能被其取代。因此，如何驾驭这种员工成为每个中层领导者的必修课。

诸葛亮是中华民族杰出的政治家、军事家和外交家，民间一直视他为贤相的典范、智慧的化身。他在管理人方面，不仅善于用人之长，还能巧妙地利用下属的某一方面的缺点，让他们像戴上了紧箍咒的孙悟空，本领再大，也得听他调遣。

早在刘备三顾茅庐时，诸葛亮就为他设计出一套成功的方案：占荆州，据蜀地，东和孙权，北拒曹操，以待时机统荆州之兵，进据宛洛；率益州之师，出击秦川，以兴汉室。诸葛亮出山之后，就是借此蓝图来辅佐刘备的。

建安十三年，曹操平定北方后率大军南下，旨在消灭刘备、并吞江南。此时刘备兵少将寡，军事上连连失利。诸葛亮认为，刘备的唯一的出路是联合孙权，打败曹操，先有立足之地，再图发展。于是他亲自出使东吴，舌战群儒，说服孙权，智激周瑜，促成了孙刘联盟。又从多方面帮助周瑜，为即将开始的赤壁之战的胜利打下了坚实的基础。

根据诸葛亮的判断，曹操兵败赤壁后必经华容道出逃，届时生擒，如囊中取物。但捉后如何处置，倒成了一个大问题。他反复分析后认为：如杀之，则中原群龙无首，势必四分五裂，你争我夺，东吴便会乘机向北发展。一旦时机成熟，将会掉过头来吞并刘备。可不杀，因已灭其主力，一时无力南侵，还能牵制孙吴。若如此，刘备则可乘机占领荆州，进军巴蜀，正符合他隆中对的设想。鉴于此，诸葛亮便考虑起人员的调配。他认为，张飞坦率急躁，捉住曹操后是不会放走的。赵云忠贞不贰，捉住曹操是不敢放走的。而关羽，他不但义气如山，还曾受曹操厚恩，而且是主公二弟，捉曹后定会释放。何况关羽还有一大缺陷：素凭百战百胜的威名有时傲气太重，若抓住他"捉放曹"的小辫子，也可给他点限制。主意已定，诸葛亮便将张飞、赵云、刘丰和刘琦一一派出，唯对身边的关羽置之不理。关羽忍耐不住，就高声斥问："我历次征战，从不落后，这次大战，却不用我，竟是何意？"诸葛亮故意激他："关将军莫怪！我本想派您把守一个最重要的关口，但又一想，并不合适。"关羽很不高兴地问："有什么不合适的呢？请明讲！"诸葛亮说："想当初您身居曹营，曹操对您多方关照，这次他惨败后必从华容道逃窜，若您前去把守，必会捉而放之！"关羽抱怨他未免多心，还说自己斩颜良、诛文丑，又解白马之围，早已报答了曹操。若再遇他，决不放行。诸葛亮仍以言相激，终于激得关羽立下了军令状，才让他领兵去华容道埋伏起来。

果然不出诸葛亮预料，曹操在赤壁不但被周瑜烧掉了他苦心经营的全部战船，还烧毁了一连串的江边大营。曹兵被火烧水溺、着枪中箭，死伤不计其数。曹操仓皇出逃，又一路遭到赵云、张飞的伏击，最后只剩27骑，且人困马乏，狼狈不堪地来到华容道。突然，关羽横刀立马挡住了去路。曹操吓得浑身瘫软，不住地乞求关羽饶命。其随从也一个个跪地乞怜。关羽终于念及当初，遂起恻隐之心，不顾事先立下的军令状，高抬贵手放走了曹操。诸葛亮又照事先设想，特地迎接关羽，使之无地自容。当关羽有气无力地禀报了原委，诸葛亮装作恼怒的样子要对他处以军法，刘备一再求情，才免了关羽死刑，令他戴罪立功。

诸葛亮精心设计的“捉放曹”，完全达到了预期的目的。后人每谈及此事，都赞扬说：“诸葛亮智绝，关羽义绝。”而诸葛亮之智正在于实现自己战略设想的同时，还顺便以“抓小辫”的方式制服了平常不大服从管理的下属。

一般来说，对于桀骜不驯的员工，不能一味采取压制的办法，处处不让其出头露面，要运用适当的时机征服他，即以德服人。如果采取打击、压制的办法征服这种员工，他的内心肯定特别不服气，而且效果也不长久，一旦出现了强烈的抵触情绪，对工作是十分不利的。

有时，你为了控制他们，也许会命令这种员工只需按照你的部署去照干就行了，不管干的结果是好是坏，你承担一切后果。这种方法固然可以体现你的领导权威，但是这种桀骜不驯的员工通常不愿意听从你的意见，而且如果你指挥的方法一旦失误，也许更会降低你的威信。

所以，为了企业的兴荣，也为了充分体现领导艺术，最好的办法是对这类员工充分授权、充分信任，为他们提供施展其才华的位置和机会。当这类员工感觉到领导者是真正爱惜他们、重用他们，他们也一定会心甘情愿地发挥自己最大的能力来报答知遇之恩。

既要用之又要服之。要知道对于有能力又不大服从管理的人，不能采取简单化的管理方式。看过《西游记》的人都知道，孙猴子是众神中最难驯服的一个，但他为什么对唐僧俯首听命、唯命是从呢？因为唐僧会念紧箍咒。虽然唐僧既不会腾云驾雾，又不会什么七十二变，但他却掌握了管住孙猴子的法宝。因此，再有能力的人也有弱点，抓住他的弱点当作紧箍咒，时不时念一念，事情就好办多了。

管理智囊

一般来说，对于桀骜不驯的员工，不能一味采取压制的办法，处处不让其出头露面，要运用适当的时机征服他，即以德服人。

CARRY OUT THE PLANS

第七章

细节成就完美，执行要与时俱进

重视细节，防微杜渐

1979年12月，洛伦兹在华盛顿的美国科学促进会的一次讲演中提出：一只蝴蝶在巴西扇动翅膀，有可能会在美国的得克萨斯引起一场龙卷风。他的演讲和结论给人们留下了极其深刻的印象。从此以后，所谓"蝴蝶效应"之说就不胫而走。其原因是这样的，蝴蝶翅膀的扇动，导致其身边的空气系统发生变化，并引起微弱气流的产生，而微弱气流的产生又会引起它四周空气或其他系统产生相应的变化，由此引起连锁反应，最终导致其他系统的极大变化。此效应说明，事物发展的结果，对初始条件具有极为敏感的依赖性，初始条件的极小偏差，将会引起结果的极大差异。

"蝴蝶效应"其实就是在说明任何细微的变化都会对结果产生巨大的影响。

古往今来，许多人的成败源于细节。一个人不要对细节视而不见，也不要小看细节。只有重视细节的人才有可能对工作认真，也才有可能把工作当成自己的乐趣，从而对自己的工作充满热情，而不是敷衍了事，也只有这样的人才有可能成功。

西方流传的一句谚语也清晰地印证了细节的重要性。

丢失一个钉子，坏了一只蹄铁；

坏了一只蹄铁，折了一匹战马；

折了一匹战马，伤了一位骑士；

伤了一位骑士，输了一场战斗；

输了一场战斗，亡了一个帝国。

马蹄铁上面一个钉子的丢失看起来是一件微小的事情，但是却会导致一个帝国的灭亡，这就是“蝴蝶效应”在军事领域的应用。

听起来有点不可思议，但是确实能够造成这样的恶果。作为中层领导一定要树立防微杜渐的观念，看似一些极微小的事情却有可能造成集体内部的分崩离析，那时岂不是悔之晚矣？

可以说，成功者之所以成功肯定有他成功的原因，而失败者肯定也有他失败的根由。成功不是偶然，它并不是一个人靠运气就可以轻而易举获得的。大部分人认为自己失败是因为命运，其实这是一种错误的想法，只要我们冷静地想一想就会发现，无论成功还是失败都不是偶然。好多因素都影响着一个人的成败，其中细节就起着非常重要的作用。

有一个年轻的画家，他21岁的时候就孤身一人来到了堪萨斯城。来到这座城市的时候他带了40美元现金，除此之外，他还带了一只皮箱，里面只放了内衣、衬衫和绘画材料。

他花光了所有的钱，几乎什么都没有剩下。因为没有钱交房租，所以他只有将一个不用了的车库来当作画室，在这里，每天晚上睡觉的时候他都会听到老鼠“吱吱”的叫声。

一天，当他抬起头的时候，看到一只老鼠的眼睛在昏暗的灯光下闪个不停。他并没有将这只老鼠杀掉，因为经历过这么多的失败后，他对所有的生物都充满了怜悯。在以后的日子里，他跟这只小精灵日夜做伴，他们经常会在黑暗中互相对望。在这段艰苦的岁月中，他们之间仿佛建立了一种友谊和默契。

不久，他离开了这个旧车库，也离开了这座城市，因为他要去好莱坞，想到那儿制作一部卡通片。然而，他设计的卡通形象并没有得到人们的承认，就这样，他又失败了。他已经穷得一无所有了，在无数个夜晚，他一直在思考，他甚至对于自己绘画的天赋也产生了怀疑。

突然，他想到了黑暗中的那个小精灵！他的脑海里突然有了灵感：小老鼠！他要将那只小精灵画出来！于是，米老鼠就这样诞生了，并为世界各国小朋友所喜爱。

这个画家就是沃尔特·迪士尼。从此以后，他凭借着自己的灵感和才干，建立了一座以自己名字命名的大厦——迪士尼大厦。

上天并没有给沃尔特·迪士尼太多，只是将一只小老鼠送到了他的身边，对他来讲，这只小老鼠并不是一只普通的小老鼠，它的价值胜过千万，而成就他的正是他对这个细节的把握。

只有那些注重细节的人，才能不断开拓出美好的生机，才能把事情做得越来越完美。细节可以反映一个人思维的缜密程度。很多情况下，一个人的敬业精神和严谨是由工作和生活中的小细节反映出来的。如果你想成功，那么就不要忽略那些细节。

管理智囊

作为中层领导一定要树立防微杜渐的观念，看似一些极微小的事情却有可能造成集体内部的分崩离析。

小问题也能做成大文章

有一次，一家公司就碰上了让公司领导大为烦心的“小事”：公司刚刚出巨资建了一幢30层高的大楼，正准备再花钱搞个仪式，请一些新闻界的朋友宣传的时候，突然发现一大群鸽子不知什么时候也“看中”了这幢大楼，并在里面安营扎寨。飞进来倒不要紧，可这些小家伙不太注意卫生，鸽子粪、鸽子毛弄得到处都是，弄得好端端的大楼乱哄哄、脏兮兮的。

马上就到了请各界朋友来看这幢大楼的时候了，可是怎样才能尽快把这些不请自来的小东西送走，尽快还大楼以干净、整洁呢？公司领导大伤脑筋，召集管理人员开会，商讨如何处理这件小事。发动员工去把它们一只只捉出去，显然是不行的，用高科技方法驱鸽又显得有些小题大做——更关键的是那样一来，公司还得付出一笔额外的驱鸽费用，不太划算。最后有人想出了高招，准备让这些鸽子替公司做一次免费广告。

公司的公关人员拨通了“动物保护委员会”的电话，告诉他们发生了一件大群鸽子误入本公司大楼的“大事”，请他们立即派人来协助处理。

“动物保护委员会”马上派出相关人员，拿着网子等工具，到这家公司的大楼里“帮助”这些“无辜的小东西”到它们应该去的地方。

接下来，公司的公关人员又打电话告诉各新闻机构，在本公司新落成的大楼里，将有一场有趣而又有意义的“捕鸽事件”。在平凡的日子里，突然有了这样一件有趣的事，新闻机构怎么会不来凑热闹呢？于是，报纸、广播、电台各大媒体纷纷派出记者，进行现场报道。

在下面的三天里，“动物保护委员会”想方设法，在不伤害鸽子的前提下将它们请出大楼。到了第三天下午，最后一只鸽子被安全地捉入网内，而此时，这家公司新盖的大楼，也随着这些小鸽子而变得家喻户晓。本来要花为数不小的一笔钱，为大楼做宣传的公司，因为这些恼人的鸽子的到来，免费宣传了一把大楼。一件坏事就这样变成了一件使公司扬名的好事。

企业里常常有些意想不到的偶然事件发生，虽是小事，却扰乱公司的正常运作，对公司影响很大。各个公司有各种不同的决策方法，有的巧妙，有的笨拙。笨拙的要么根本没看到小事的重要性，导致小事转为隐患，将来酿成大祸；要么不动脑筋，按照一般方法处理，结果往往是想息事宁人，却得不偿失，让公司名誉或利益受到损失。真正高明的做法，是想方设法让小事朝着有利于公司的方向转化。

在20世纪80年代初，美国一家生产内衣的公司，连经理在内仅有3个人。当时，在各百货商店和服装铺都设有试衣室，但试穿内衣先要脱外衣，如果试一件不合身接着再试时，是一件很麻烦的事情，而且多少有些尴尬。该公司经理注意到了这个细节，就想：如果能在自己家里邀集三五位邻居或女友，一起挑选公司送来的内衣，有中意的式样当场试穿，这种场合气氛融洽，最适宜妇女购买内衣。于是便决定采取这种方式来销售内衣，并配合这种销售方式做出了一些规定：凡是在家庭联欢会上一次购买1000元以上的顾客，就能获得该公司“会员”资格，今后购买内衣可享受七五折的优惠；会员如在3个月内发起家庭联欢会20次以上，销售金额超过4000元，就能成为本公司的特约店，可享受6折优惠。如果在6个月内举办家庭联欢会40次以上，销售金额超过10000元，就能成为本公司的代理店，享受零售价一半的批购优惠。

采取这种销售方式以后，公司获得了迅速的发展。10年以后，公司拥有员工200多名，代理店约800家，特约店2万多家，会员135万名，而且会员还以每月2万名的速度剧增，年销售额达几千万元。

买内衣试穿是一件不起眼的小事，但这家公司的老板却从中发现了机会，并以此为契机进行创新，采取了新的销售方式，结果大获成功。

毫无疑问，小问题也可能做大文章。对于日常管理中一个较小的甚至是细节性的问题，或者是小疏漏和失误，要冷静地对待，深入地分析，灵活处理，把小问题做大，常常会因“小失”而得大利。“小”并不意味着没有前途。

1981年，英国王子查尔斯和黛安娜耗资10亿英镑，在伦敦举行轰动全世界的婚礼。消息传出后，全英国的大小厂商都绞尽脑汁，想趁此机会发一笔大财。

盛典之时，从白金汉宫到圣保罗教堂，沿途挤满了近百万群众。参加这次商业竞争的糖果工厂，将王子和王妃的照片印在糖果盒上；纺织、印染行业为产品装潢设计了具有纪念意义的图案；此外，还有出售纪念章，叫卖冰淇淋、蛋糕以及望远镜之类的。

英国王子的婚礼，无疑会给诸多的厂商带来巨大的好运。但是究竟谁会在这场竞争中发大财呢？答案是：一家经营望远镜的商店。

在这近百万观众中，人们固然需要购买一枚漂亮的纪念章，需要吃上一块蛋糕或一盒冰淇淋。可是里三层外三层的围观群众，最大的愿望就是能够看一眼王子、王妃。如果看不见这一道风景，无疑是最大的憾事。

所以，当人群中传来一阵又一阵的叫卖声："请用望远镜观看盛典。一英镑一个！有了望远镜，王子和王妃就像站在你的跟前，一英镑一个……"人们顿时被吸引住了。在同一时刻，数百名儿童手里拿着用马粪纸配上玻璃片制成的简易望远镜在叫卖，观众顿时蜂拥而上，争相购买，一大批望远镜转眼间就被抢购一空。

这家望远镜商号由此发了大财。

任何机遇都是稍纵即逝的，关键在于能否及时把握住。唐朝文豪韩愈在《与鄂州柳中丞书》中说的"动皆中于机会，以取胜于当世"，说的就是这个道理。任何时候，企业都是运动着的，机遇也是这样。准确抓住它，并能应用起来，就会取得成功。

管理智囊

小事是大事的基础，决策时选择适合的角度，冷静地对待，灵活处理，说不定还会因"小失"而得大利。

磨刀磨刀刃，做事抓重点

公司管理者常犯的毛病就是，因小失大，缺乏整体观。

当上公司的经理和主管不易，要当好就更难。如果想在这个宝座上坐得持久，你就要在决策上灵活运用“善大者，才能更善小”的方法。

磨刀要磨刀刃。做事也一样，要抓住重点，切忌不要把你有限的时间，浪费在一些小事上，你要学会尽可能把有效的时间用在为公司谋利益、谋发展的地方上。这是一件很难做到的事，即使你做到了，也可能会被人视若无睹。甚至有时候，你的自身都会成为你的敌人。打个比方，你对一件你所熟悉的事情非常感兴趣，不自觉的，你就会花很多的时间和精力投入这件事情中，不能自拔。

这往往是一个刚出道的经理和主管容易做的事。他们因为对这种事情感兴趣，就相对干得很好，所以为了证明上司提升他或选择他做经理和主管是正确的，就废寝忘食地把时间投进去。如果公司也挺注重这种事情的，那无可厚非，你做对了。但若公司不是很在意这种事情，那么恐怕你的付出会得不到应有的回报，反而会让你捉鸡不成蚀把米。

做什么事都要有先有后，至于该怎样分次序，那就看这件事的重要程度。在公司里也一样，面对一些需要解决的问题，你要找出将影响公司的那些问题，并决定其优先顺序，然后将你最有效率的时间花在最重要的短期性的问题上。这样可保证你解决一些长期性的问题。

公司追求的是利润，没有利润，开公司就毫无意义。所以作为一个管理者，你必须非常明确这一点，并尽可能地让公司的利润得到保证，否则，你的管理者的地位将会保不住了。

通常，中低层管理人员总会推卸责任，或者是胆小怕事，不敢自作主张，把什么问题都呈上来让你解决。在这里要提醒你的是，问题是不可能用这种方式来到你面前的。它经常是以“请求你给以指导和顾问”这种方式出现。但是你很清楚，这种形式只在你的职务说明书最底下的项目所有，在最前面、最优先的部分，往往是经过商讨，而且是以利润、股利和分红、报酬等数字来概括的。千万不要让那些委婉的回避词扰乱你已经设定的决策顺序。

管理智囊

做事，要抓住重点，要有先有后，不要把有限的时间，浪费在一些小事上，不要让那些委婉的回避词扰乱你已经设定的决策顺序。

与其被动防守，不如主动攻击

人生在世，需要面临各种各样的变故与挑战，消极被动地面对，不主动地接受与改变现实，而是一味地回避退让，别人就会无理也占三分，最终吃亏的还是自己。变被动为主动，把自己置于主动出击的地位，以攻为守，往往可以使棘手的问题迎刃而解。

土耳其有一位名叫哈桑的年轻人，他很勤劳。在珍珠收获的季节，当地人组织了采珠队，哈桑加入了采珠队，辛辛苦苦地劳动。采珠季节过去之后，他得到了80枚金币作为自己劳动的报酬。他特意缝了一个小布袋，将这些金币装在里面，每天都小心地带在身上，打算去外地谋生——这80枚金币就是他谋生的本钱。

终于，哈桑准备动身了，在动身前，他又拿出了随身携带的小布袋，仔细数了一遍金币。这时候，正好有一个流浪妇人带着自己的孩子从他的旁边走过，看到哈桑的金币，就打起了坏主意。她急忙上前，一把抓住哈桑的衣襟，大声地喊道："你怎么能丢下我和孩子不顾，独自一个人外出呀！你把我们家的全部财产都带走了，我和孩子们以后可怎么活呀！"

周围的人听到了吵闹的声音，都一下子围拢上来，纷纷指责哈桑不该抛弃自己的妻儿。

突如其来的变故让哈桑有些不知所措，他定了定神，竭尽全力向周围看热闹的人解释，说自己并不认识这个妇人还有她身边的孩子，但是看着在一旁号啕大哭的妇人，大家都不相信他说的话，最后他们被迫来到法官面前。

妇人刚刚站定，就抢先向法官控诉，说哈桑和她结婚多年，还生育了几个孩子。婚后他们辛辛苦苦地积攒了80枚金币，但是现在哈桑却想一个人带着全部积蓄出走，到别的城市去过快活日子。

妇人的孩子见状也都扑向哈桑，拉着他的衣服喊爸爸。哈桑不知所措，百口莫辩，无论他向法官如何解释，法官都不相信他的话。

最后法官判决：如果哈桑仍然坚持要到外地去，就必须将手中的80枚金币全部交给自己的"妻子"；不然的话，他就必须留在这里。

哈桑十分沮丧，他很想到外地去谋生，但是如果坚持走的话，自己辛辛苦苦赚来的钱就要白白地送给别人，这是他无论如何也不能答应的。一时间，他不知道怎么办才好。

愁眉苦脸的哈桑只好到当地的一个智者那里去求教，智者笑了笑，告诉他一个解决问题的方法。

第二天，哈桑按照智者所说的话去找法官，他对法官说："我决定到外地去，我可以把那80枚金币留下，不过我有一个要求，就是把我的孩子带走。"

那个妇人本来以为可以拿到金币，但是听了这番话之后，趾高气扬的她一下子改变了态度，无可奈何地放弃了那80枚金币。

做人处世如此，企业间的竞争也不例外。无论是新技术新产品的开发、引进、生产，还是产品的销售，只要抢先一步，就会遥遥领先，挖得第一桶金。如果消极地等待，慢别人一拍，就会失去大好机会，把财富拱手相让，自己得到的只是残羹剩饭。

1981年6月，美国发现了第一例艾滋病病例。此后又陆续发现，这些病人最终都走向死亡。很快，这种致命性的疾病给整个美国笼罩上了一层阴影。艾滋病很容易在性接触中传播，而且一旦感染上便无药可救，只能在痛苦中无助地死去。而美国又是性观念很开放的国家，一时间，安全套的需求开始急剧增加，甚至造成了美国本土安全套的脱销。

美国安全套市场脱销，美国本土的很多企业虽然知道这个信息，但是多数还只是处于观望的态度，不知道安全套销售紧俏的势头还会持续多久，很多生产安全套的企业也还只是维持着和以前一样的生产规模，都准备看一看形势的发展再做决定。

然而，半个月过去了，安全套的脱销状况并没有得到缓解，美国的很多企业才开始意识到巨大的商机就摆在自己的面前，这才决定扩大生产规模。可是，令美国人没有想到的是，这时候的市场上开始出现了一批数量巨大的进口安全套，并迅速地占据了美国的各大经销点。

经调查，这些安全套都来自日本。美国人一下子愣住了，按照正常速度来算，日本产品经过海运到达美国，至少也要半个月甚至一个月的时间，这一次怎么会如此之快呢？这一切究竟是怎么回事？

原来，美国本土安全套存货不足的消息在半个月之前就被广泛报道，这个消息引起了两个日本商人的注意。他们获得消息之后，立刻不假思索地投入了行动。他们大量招工，并购置了一批新机器，让工人们三班倒地工作，保证机器全天候运转，最大规模地生产安全套。安全套很快就大量地生产出来，一箱箱包装好之后就放在仓库里。然而，数量众多的安全套想要越过宽阔的太平洋抵达美国却并非一件容易的事。如何运到美国？日本商人决定采用紧急空运，虽然空运的费用比较高，但他们能争取到时间。因为美国安全套脱销的事实已经并非什么秘密，这时候，美国本土的很多生产厂家也已经开始大量地生产，如果用其他的运输方式，等产品到达美国的时候，说不定早就过了销售的黄金时期。

当安全套空运到美国后，很快就成了抢手货。几乎所有的代销店都是门庭若市，从日本空运来的第一批2亿只安全套很快就被抢购一空，其中的利润足可以抵偿空运的运费，还大大地赚了一笔。

当美国的很多生产厂家回过神来的时候，早就被这两个日本人捷足先登，挖走了最大的一桶金。

两个日本商人抢先做出加快生产的决定，又不惜大代价让产品抢先登陆美国市场，最终抢先获得了巨大利益。而占据着绝对优势的美国商人，却被动地等待着，想等到具有百分百把握盈利的时候才动手，结果得到的只是残羹剩饭。

因此消极地等待，不如积极地去寻找；被动地防守，不如主动去攻击。

一味地防守，即使是有利于自己的大好局面也会被别人夺走。消极地等待，优势会变成劣势，摆在面前的美味佳肴也会被别人抢先享用，留给自己的只能是残羹剩饭。

管理智囊

如果消极地等待，慢别人一拍，就会失去大好机会，把财富拱手相让，自己得到的只是残羹剩饭。

文化创新是创新管理的源泉

创新作为企业的一项基本功能，是企业管理的一个根本特征。当代管理大师彼得·德鲁克说，创新和企业家精神是人类进入“开拓进取型经济”阶段后的“正常的、稳定的和连续不断的需要”。在这里，德鲁克不仅把创新当作现代企业文化的一个重要支柱，而且把它看成是社会文化的一个重要部分。

企业应该如何进行文化创新？组织文化是由相对稳定和持久

的因素构成的。这一事实往往导致文化的变革受到相当大的阻力。一种文化需要很长时间才能形成，一旦它形成，又常常是牢固和不易更改的。如果某种特定的文化已经变得对组织不适宜，就必须设法变革。要注意的是，不要幻想组织文化的创新在短时期内就会完成。即使在最有利的情况下，组织文化的创新也常常要经历较长的时间（不是几周或几个月），才能看出其中的变化。

1. 促进组织文化创新的有利条件

（1）大规模危机出现。这可以成为动摇现状的一个震源，促使人们对现有文化的适应性产生怀疑。例如发生令人吃惊的财务亏损，重大的决策失误，或者组织失去重要的客户。

（2）高层领导者换人。在这里，高层领导者既可以指首席执行官（企业最高领导者），也可能包括所有的资深经理。新的领导者往往会给组织带来一种不同的价值观，他们对危机也会有更强的感觉和反应能力，同时原来文化对他们的约束又相对较少。

（3）组织新而小。新建立的组织的文化的渗透力较弱。当组织规模较小时，管理者也更容易传播他的新价值观。

（4）组织文化弱。一种组织文化越是广泛渗透并在成员中形成对总价值观的高度认同，那么它就越难得到改变。相反，弱文化比起强文化来具有更大的可变性。

2. 促进组织文化创新的策略

如果具有合适的条件，那么管理者如何推动组织文化的变革呢？重要的一点就是对现有的文化进行创新，这需要一个全面的、协调的战略。

（1）组织文化分析。创新的最佳着眼点是进行组织文化分析，这包括进行文化审核以评估现有的文化，即分析现有文化与环境是否适应；确定与环境适应的文化内容；将现有文化与预期的文化做比较，进行差距评价以确定哪些价值观及文化要素需要创新。

（2）向员工宣传创新组织文化的必要性和紧迫性。虽然危机可以作为变革现有文化的一种契机，但危机并不是组织的所有成员都能意识到的。因此，管理者必须向员工明确说明，如果不马上推行变革，组织的生存就会受到致命的威胁。要是员工没有意识到文化创新的必要性和紧迫性，那就很难使组织文化对创新的努力做出反应。

（3）任命具有新观念的新管理者。任命新的最高层管理者本身就是一个信号，它预示着一场重大的变革即将发生。新的管理者常会带来新的观念和行为标准，大胆地推动文化的变革。当然，新管理者要想把他的新观念尽快地注入组织中，往往需要将关键管理职位的人员调换成忠于这一观念的人。例如，美国的克莱斯勒公司曾成功地进行了文化的创新，首先公司任命了新的首席执行官李·艾柯卡，而他又对公司高层经理做了大规模、迅速的调整，这为文化变革打下了坚实的基础。

（4）发动一次组织重组。伴随着主要管理者的调整，发动一次组织重组也具有重要的意义。设立一些新部门，或者将某些部门合并或取消，这些都以显而易见的方式传达着管理当局下决心将组织引入新方向的信息。

（5）引入新口号、新故事、新仪式、新象征来传播新价值观。新的领导者也要尽快创造出新的口号、故事、仪式、物质象征等来取代原有的文化载体，以便更好地向员工传播组织的主体价值观。这需要迅速行动，耽搁只会使新管理者与现有文化为伍，从而关闭推行变革的大门。

（6）围绕新的价值观体系，树立新的榜样。管理者还要改变人员的选聘和社会化过程，以及绩效评估和奖酬制度，树立新的榜样，以便对采纳组织所期望的价值观的员工形成有力的支持。

管理智囊

管理者必须向员工明确说明，如果不马上推行变革，组织的生存就会受到致命的威胁。要是员工没有意识到文化创新的必要性和紧迫性，那就很难使组织文化对创新的努力做出反应。

把握时机，适时变革应对发展变化

现代社会，企业管理已经进入文化、组织、战略多维管理时代，也就是人们常说的“三维管理沟通阶段”。因此，过去那一套简单的管理方法已经无法适应多变的市场了。在改革创新的大环境下，作为企业的领导者，我们若不能把握变革的需要，就会为公司带来毁灭性的后果。对此，很多领导者提出在企业管理上也应该与时俱进，从而适时调整、迎接挑战。但在一个大型组织中，说服管理团队或一线员工投身到一个重要的变革中并非易事。我们先来看看通用公司在管理创新上的经验。

杰克·韦尔奇提出的“无边界行为”，打破了 GE13 大业务集团的界限，像“小公司”一样灵活，已经成为通用非常重要的管理价值观。通用所有部门的员工都已接受了这种工作方式，相互之间有非常好的沟通环境和团队合作的氛围。“无边界行为”不但不会和有序的组织管理发生冲突，反而为通用创造了一种自由、轻松、平等的沟通环境。

通用电气公司开始谈论“绿色创想”时，解决了这一问题。首席执行官杰夫·伊梅尔特说：“寻找可持续性更高的经营方式，这种社会发展趋势显而易见，如果能乘此东风，我们就会为将来的发展而占得先机。”通用电气公司开展了一次绿色审核，找出他们已有的在业内一流的绿色产品，并开始对雇员突出强调这些现成的绿色产品的领域。LED3照明系统（可以发出很亮的光，但所耗电力仅为其他系统耗电量的10%）就是这样的领域。然后，通用电气公司就说：“我们就是那种能在日益注重可持续性的新业务环境中获得成功的人。”

通用的变革成功了！这一成功得益于无边界行为的提出，杰夫·伊梅尔特说：“我要把我的思想、公司的战略告诉通用全球的员工，员工的想法也与我沟通，建立相互理解、为了共同目标携手努力的氛围。当企业面临变革或危机时，最重要的事情就是与员工进行沟通。”

而事实上，许多企业却并没有将创新与调整管理办法落到实处。比如，有关变革计划的图表演示文稿中会有35张幻灯片用于分析变革的理由，但演示文稿中却没有任何内容来阐述如何帮助雇员相信“我们就是能成功实现这项变革的那种人”。

没有企业的领导者希望自己的企业面临落后和被市场淘汰的危机，那么，从现在起，领导者就要大胆尝试，敢于“开刀”，至于采用什么方式进行企业管理变革，你需要找准企业管理机制上存在的问题，对症下药，而要做到这一点，你必须首先做到以下几点。

1. 更新观念，强化意识

当前，新学科、新知识层出不穷，对许多新事物的了解和掌握没有知识的基础是不行的。如果领导者不注意加强对新知识的学习，孤陋寡闻，学识浅薄，战略思维就沦为空谈，且不谈充当领导社会主义现代化建设的战略家，就连自己的本职工作都难以胜任。因此，现代领导者必须以高度的历史责任感和时代紧迫感，抓紧学习新知识。要把当代各个领域的新知识作为学习的重点内容，学经济、学科技、学管理、学法律，学习一切需要学的东西，努力使自己成为某一方面的行家、专家。

2. 以人为本，提高素质

实施管理创新的当务之急是提高领导者的素质，特别是提高他们的科技素质。企业必须采取多种形式，加强干部培训，让企业在管理素质上有一个飞跃。

在进行管理创新的同时，也会带来新的问题，管理者必须养成严谨细致、雷厉风行、精益求精、求真务实的工作作风，解决精确管理“如何自觉”“如何贴近”“如何深入”的问题。

3. 与时俱进，创新模式

人既是管理活动的主体，又是管理活动诸要素中最活跃、最积极、最具有能动性和影响力的客体。要提高新型管理模式的整体效能，必须在抓好以贯彻落实各项规章制度为主要内容的“硬管理”的同时，抓好以思想教育为主要内容的“软管理”，运用心理学、社会学、伦理学、美学等人文科学知识引导广大员工树立坚定的信念，充分激发和调动作为管理客体的人的主动性、能动性、创造性，推动精确管理取得最大效益。

总之，领导者只有认识到管理创新的重要性，并做好各方面的沟通工作，才能让企业摒弃过去几年甚至几十年延续下来的管理方法！

管理智囊

若不能把握变革的需要，就会为公司带来毁灭性的后果，在企业管理上应该与时俱进，从而适时调整、迎接挑战。

打破固有模式，大胆提出质疑

在生活中，我们往往被经验所迷惑，因为那些经验，大部分是通过长时间的实践活动所取得和积累的，具有一定启发指导意义。然而，我们应该认识到，经验有时只是人们在实践活动中取得的感性认识的初步概括和总结，并未充分反映出事物发展的本质和规律。因此，我们必须学会质疑，在质疑中鉴别经验。

伟大的天文学家哥白尼经过长期的观测，计算出太阳的体积大约相当于 161 个地球（实际上比这个数字还大）。他想，这么一个庞然大物，会绕着地球旋转吗？他开始对流传了 1000 多年的托勒密的“地心说”产生了怀疑。哥白尼天天观测、计算，终于创立了以太阳为中心的“日心说”。哥白尼之所以有如此重大发现，主要是他善于怀疑，能在人们习以为常的事物中找出问题来。

每一位团队成员都可以质疑自己的工作，因为这是完善自己工作、实现团队目标的前提。

在通用汽车公司的一次项目会议上，总经理让他的下属针对各自的工作谈一些看法。有一位部门经理站起来慷慨陈词：“我现在对自己所从事的这项工作产生了一些怀疑。这两年之中，在首席执行官的指导下，每个部门都接到了上百个项目，有许多项目都投入了大量的人力资源和资金，往往进行到中途便不了了之，这样下去，会毁了公司。我们难道不能抓一些大一点的项目？或者我们能不能为每一个部门分配一些不浪费人力资源和资金，又能迅速见到效益的项目？这些项目不必太多，只要能见到效益，又不会浪费我们的时间和精力，这对我们的发展有莫大的好处。”

这位经理的一番话，震惊了总经理和在座的各部门经理，他们都为这位经理勇于负责的工作精神所感动。整个下午，大家都放弃了原先开会的议题，针对这位经理所提出的问题，进行分组讨论，重新制定战略目标。重新调整战略规划后，公司节省了大量开支，加快了发展的步伐。

前人留给了我们很多的经验和知识，能够让我们少走许多弯路。但是，如果我们只是一味地遵照他们的传统思路走下去的话，恐怕这个世界将会停滞不前。不要被现有的学说压倒，因为不怀疑不能见真理。

作为一名企业员工，只有敢于质疑自己的工作，才能在工作中不断培养自己的创新能力，并取得骄人的业绩。

杰奎琳是一家电子公司研发部的职员。她在工作中，经常认真寻找一些组织管理中的漏洞和失误，并从中找出一些具有挑战性的问题。尽管她的这种做法常常令上司和同事头痛，但是她的这种负责的精神为公司避免了许多不必要的损失。

值得一提的是，有一次公司高层制定了一个战略规划，准备研发一种新型胶印机械。这个方案已经全部做好，款项也陆续到位了。但是，杰奎琳在工作刚开始时，便对所要开发的这个产品产生了怀疑。她认为，从自己所了解的情况来看，这个项目在操作上有许多仓促之处，再加上高管层在制订这个项目计划时，没有对所研发的产品进行详细的论证，这将会造成产品刚开发出不久，就可能被市场淘汰的局面。因此，她详细地把自己对这个产品的怀疑之处写了下来，提出了许多的建议并交给上司。由于她的见解深刻，公司高层重新召开了研讨会，对市场状况和这个项目重新进行了论证，又经过专家的审查鉴定，这个项目最后被放弃了。杰奎琳的行为也深深地感动了公司的管理层。

很多团队成员都满足于自己的工作状况，习惯于按照团队领导者的安排埋首工作，既不想学习，也不对自己的工作进行详细的思考，认为自己按照上司的指令，尽职尽责地努力工作了，纵然出现了失误和漏洞，也不关自己的事。其实，这也是一种不负责任的行为，时间长了，这种行为将会让你充满惰性，从而失去创新能力。

有些人认为，要想保住自己的一切，就要按照熟悉的工作方式，不要打破工作的秩序，也不可轻易尝试新的方法，更不要承接那些自己从来没有做过的事情。固然，循规蹈矩的人会用习惯的做法处理自己的工作，一般不会犯大的错误，但仅做到不犯错误是不能成为一名优秀员工的。

在现今这种竞争激烈的商业社会里，团队领导者和团队成员都面临着巨大的压力。只有一位对公司持有认真负责态度的员工，在工作中才能不断提出质疑，才能够帮助公司完善目标体系、适应市场变化、增强企业竞争力，推动团队大踏步地前进。

对问题提出疑问，通过自己的独立思考，我们会发现有很多看起来很难解决的问题，其实往往并不是难在问题本身，而是难在不容易打破约定俗成的思想观念。只要我们善于质疑、敢于质疑，发挥自己的思考能力，就不难发现，问题的答案可能就在眼前。

善于质疑，在疑问中寻找答案，往往比死板教条式的实践更有效。有时人们沉迷于某个问题却又百思不得其解时，很可能会陷入思维的死角。因为当事者的视野拘泥于问题本身，思路堵塞，我们不妨排除自设，带着怀疑的眼光看待问题，或许真的可以找到问题的本质。

管理智囊

在工作中能不断提出质疑，才能够帮助公司完善目标体系、适应市场变化、增强企业竞争力，推动团队大踏步地前进。

价格和守旧可能是真正的凶手

每一个失败的企业，其衰落的主要原因都是犯了5种致命的经营错误中的至少一种。

（1）高额利润带来的灾难

第一种也是最常见的错误就是崇奉高额利润率及“溢价定价”。关于这种错误可能导致什么样的结果，施乐公司发明复印机以后——工业史上极少有产品如此迅速地取得那样大的成功——便立刻开始给这种机器增加一个又一个功能，每一种功能都以最大利润率定价，从而每加一种功能便抬高一次复印机的价格。施乐公司的利润猛增，当然它的股票价格也上涨。但是，只需要一种简单机器的大多数消费者却越来越打算购买其他竞争厂家的产品。当日本的佳能公司推出这种产品时，很快就占领了美国的市场。施乐公司只能苟延残喘了。

教训是：崇奉溢价定价总是为竞争者创造了市场。高利润率并不等于最大利润。利润总额 = 营业额 × 利润率。因此，最大利润是通过产生最大全部利润流的利润率而获得的，而这个利润率往往也是产生最佳市场定位的利润率。

（2）对新产品错误定价

第二种错误与第一种密切相关：对一种新产品的错误定价，以“市场最高承受度”为限。这也为竞争对手带来了没有风险的机会。即便该产品有专利保护，这种政策也是错误的。对于哪怕是最强大的专利，只要有足够的刺激，潜在的竞争者总能够找到对付它的方法。

日本人之所以能占有今天的世界传真机市场，是因为发明、开发并首先生产传真机的美国人当初制定了市场最高承受度的价格——他们能够得到的最高价格。然而日本人在潜心学习了两年或三年后，将他们的产品在美国的价格基础上整整定低了 40%，一夜之间便夺得了市场；只有一家小批量生产特种传真机的美国小厂商才得以幸存。

与此相反，杜邦公司仍然保持了世界最大合成纤维生产厂家的地位，因为在 20 世纪 40 年代中期，它向世界市场推出的新型专利产品——尼龙，其价格使杜邦必须销售 5 年才可能赢利，从而使它保持竞争态势。

（3）按成本推动定价

第三种致命的错误是按成本推动定价。大部分美国公司，尤其是所有的欧洲公司定价时是将全部成本加起来，然后再加上利润率。接下来，当它们推出产品后，就不得不开始削减价格，付出很大代价重新设计产品，不得不承受损失——往往还不得不放弃一种很出色的产品，因为它的价格定得不合适。它们的论点是“我们必须收回成本，创造利润”。

这没错，但这是不相关的问题，顾客并不以为确保厂商的利润是他们的事情。定价唯一可靠的方法应该是从市场愿意付什么价开始（因此也必须假设，竞争者将定何种价格），并按照该定价去设计。

（4）守住昨天而牺牲明天

第四种致命的经营错误是旧的成果妨碍新的事业。经营者往往容易守住过去成功的果实不放，不愿意突破旧的成果实现更大创新。正是这一点使 IBM 公司出轨了。它的跌倒是自相矛盾地由它的独特成功造成的：当苹果公司在 70 年代首先推出个人电脑时，IBM 公司几乎在一夜之间就赶上来了。然而，当它在这一新的个人电脑市场占据领先地位时，它却把这个新的正在成长的业务约束于旧的摇钱树——大型计算机。

事实上这是该公司第 M 次犯这样的错误了。40 年前，当该公司首先发明计算机时，高级管理阶层坚持在有可能销售打孔资料卡的地方不要提供它的计算机，因为打孔资料卡当时是它的摇钱树。后来，还是司法部挽救了该公司，因为它提出了针对该公司垄断打孔资料卡市场的反托拉斯法诉讼，这迫使管理部门放弃了打孔资料卡——从而拯救了刚开始成长的计算机。不过，第二次就没有这种幸运之神来挽救它了。

（5）把精力花在老问题上

最后一种致命的错误是把精力花在老问题上而让新机会听之任之。

从“解决问题”中得到的只是消除损害，只有机会才提供成果与增长。实际上机会在每一个方面都与问题一样的困难和要求苛刻。正确的做法是，首先需要列出经营业务所面临的机会，并确定每一个机会都配备了足够的人员（和得到足够的支持），然后才应该列出问题并为解决它们配备人员。

西尔斯公司在近年来的零售业务中做得很可能恰好相反——对机会听之任之，把精力全放在解决问题上。而正在稳步丢失世界市场的欧洲大公司（如德国的西门子公司）大概也是这样干的。而通用电气公司做得就完全正确，它的政策是，对所有那些不提供长期增长与机会、不能使该公司在世界名列前茅的业务，即使它们是有利可图的，也将其放弃。然后，通用电气公司把它最好的人员放在机会的开拓上，不断推陈出新。

上面所说的一切是人们熟知的，也已被数十年的经验充分证明。因此，管理人沉溺于这 5 种致命的错误是没有什么借口的。这些错误是必须防止的诱惑。

管理智囊

一种致命的错误是把精力花在老问题上而让新机会听之任之，从“解决问题”中得到的只是消除损害，只有机会才提供成果与增长。

CARRY OUT THE PLANS

第八章

会倾听会表达，执行要有顺畅的沟通

欲晓之以理，先动之以情

如果说人与人之间不和谐的关系犹如坚冰，那么付诸感情是融化这块坚冰最好的办法。说服也是，要想说服一个人改变他的初衷，不妨先使用感情策略，打动他的心，正所谓“欲晓之以理，先动之以情”。

松下电器的创始人松下幸之助曾经说过：“生活在这个世界上，我们依赖什么拨动别人的心弦呢？有人依赖敏捷的思维，有人依赖严密的逻辑，有人依赖激扬顿挫的口才……可是，这不过是形式而已。我觉得真情实感是唯一屡试不爽的方式，在所有时间、地点都适合，说服任何人都能成功。”确实如此，即使有敏捷的思维、严密的逻辑和好的口才，如果只是冷冰冰的说服，也难以让人接受。

一家公司规定厂区内禁止吸烟，特意在办公区内写着“严禁吸烟”四个醒目的大字。但厂区内的工人对这条禁令却不管不顾，依然明目张胆地吸烟。

总经理看到这种现象，从自己包中取出一盒烟，给每位吸烟的工人都发一根，对他们说：“假如你们愿意在外面吸这支烟，我会非常感谢你们的。”

工人们听到这话，立即把手里的烟掐灭了，连连道歉，承诺以后再也不会在厂区内吸烟。

老牛不吃草，不能强摁头。每个人毕竟都有自己认为正确的想法和立场，强迫别人接受自己的观点，不但达不到目的，还会引起反感。以情动人，以理服人。领导者在说服下属的时候，要先打开他们感情的闸口，用平易近人的和朋友交流的方式逐渐说出自己的观点。

有一个女出租车司机，她把一个男青年送到地方后，对方突然用匕首指着她的脖子说："打劫，只图财，不害命，把钱包交出来！"

女出租车司机把手里的200元钱连同钱包一起递给劫匪，声音颤抖地说："我钱包里只剩下200元钱了，今天生意不太好，只赚了这些钱，你都拿去吧！如果你觉得太少，就把我的手表也摘走。"

劫匪原以为这位女出租车司机会大喊大叫，没想到她会这么爽快，自己反倒有些不好意思了。

女出租车司机抓住这个机会，顺势问劫匪："大哥家是哪里的？天太晚了，我把你送回家，省得你家人跟着担心。"

劫匪知道女出租车司机不过是一个柔弱女子，耍不了什么花招，于是把刀收了起来，对女出租车司机说："送我去火车站。"

女出租车司机壮着胆子说："我老家是农村的，家里兄弟姐妹多，条件不好，所以我退学到城里打工，跟一个朋友学开车，才干起这一行。"见劫匪没有不耐烦，女出租车司机接着说："现在虽然也挣不了什么大钱，不过自食其力，挣的每一分钱都很踏实，日子过得还算可以。"

劫匪默不作声，静静地听着。

女出租车司机继续说："大哥，我看你身体强壮，做哪一行都不会差的，何苦走这条不归路呢？我劝你早日回头，不然这辈子就完了。"

到了火车站，劫匪拿着钱开门准备下车。

女出租车司机叫住他："大哥！这钱就算我给你的路费了，听我一句劝，以后堂堂正正做人吧！"

劫匪把200元钱扔到出租车里，感动地说："你放心，我以后一定会堂堂正正做人。"

故事中的女司机，无疑是聪明的，她以融入感情的说服方式，劝说劫匪悬崖勒马。试想，如果女司机直接劝说，不仅会激怒劫匪，可能还会使自己的人身安全受到伤害。

在日常工作中，如果要劝说下属加入公司的一个项目："小王，如果你放弃这次参与，首先，你会错过一个学习新技术和积累经验的机会，其次，你也会错过一个体现自己价值和得到别人认可的机会。而参与进来的人，极有可能因为付出的努力和做出的贡献而危及你现在的职位，那时候，你就不得不让位给贤能了。"

这种劝说的方法，暗含着威胁，会激起下属的恐惧、紧张和反感，甚至可能造成下属更加抵触参与项目的想法。

这时候，不妨以感情为突破口，换一种说服方式："小王，你认真工作的态度和积极进取的精神，我都看在眼里，记在心里，我总是想，有学习和表现的机会，我一定要给你留着，正好，这次咱们有一个项目，你可以参加一下，一来是学习锻炼一下，二来也能证明和表现一下自己的能力，为以后的升职加薪增添筹码。"

人非草木，孰能无情？直接威胁和说理似的说服，都可能引起别人的反感，甚至伤及别人的自尊。假如可以用自己的真情打动他们，就会让他们意识到自身的错误，同时对领导心存感激。

管理智囊

以情动人，以理服人。领导者在说服下属的时候，要先打开他们感情的闸口，用平易近人的和朋友交流的方式逐渐说出自己的观点。

逐步引导，旁敲侧击

在说服的过程中，不能只讲大道理，但并不是就可以不讲“理”，如果将道理讲得具体生动，引人思索，让人觉得就是这么个理儿，就能循序渐进地将道理说明白。

讲好大道理重要的一点是要学会剥茧抽丝，逐步引导，层层深入，最后“图穷匕见”，将对方的思想统一和升华到一个新的高度。有时也可借题发挥，讲出“醉翁之意不在酒”的道理。这样可以避免把讲道理变成简单的演绎论证，使对方易于接受。

俄国的“十月革命”刚刚胜利的时候，象征沙皇反动统治的皇宫被革命武装攻占了。

列宁得知此消息后，立即赶到现场。面对着义愤填膺的民众，列宁恳切地说：“同志们，皇宫是可以烧的。但在点燃它之前，我有几句话要说，你们看可不可以呢？”

民众一听这话，得知列宁并不反对他们烧皇宫，于是答道：“完全可以。”

列宁问：“请问这座房子原来住的是谁？”

“是沙皇统治者。”民众大声地回答。

列宁又问："那它又是谁修建起来的？"

民众坚定地说："是我们人民群众。"

"那么，既然是我们人民修建的，现在就让我们的人民代表住，你们说，可不可以呀？"

民众都点头。

列宁再问："那还烧吗？"

"不烧了！"民众齐声答道。

皇宫终于保住了。

列宁的几句循循善诱的问话，理清了民众的思路，保住了具有历史意义的建筑。最后一问，是强化迂回诱导的结果，让群众明确表态"皇宫不烧了"，从而达到了目的。

领导者的工作意图和方案，必须通过下级来贯彻执行，可是往往上级的工作意图和方案得不到下级的支持和赞同。为了推动工作的进展，你应该掌握说服他人的基本策略和一些实用的技巧。那么，领导者怎样才能有效地说服下属呢？

1. 推心置腹，动之以情

说服工作在很大程度上可以说是情感的征服。只有善于运用情感技巧，才能打动人心。在劝说别人时，应推心置腹，动之以情，讲明利害关系，使对方感到你的劝告并不抱有任何个人目的，没有丝毫不良企图，而是真心实意地帮助被劝导者，为他的切身利益着想。

汉光武帝刘秀带兵打仗时，有的将领在昆阳城上望见王莽的军队人马众多，全都心惊胆战，忧虑后方的妻子儿女，都想返回原来驻守的城池。

刘秀这时非常冷静地对将领们说：“现在士兵和军粮都很少，而外敌强大，合力抵抗他们，还有打胜的希望，要是分散，势必难以保全性命。而且宛城还没攻下来，主力不能前来救援，昆阳一旦被攻破，各部也将被消灭，现在怎能不同心同德，共建功名，反而只想看守自己的妻子儿女和财物呢？”将领们被刘秀说服了，定下心来继续跟着刘秀作战。

2. 求同存异，缩短差距

人与人之间或多或少都会存在“共同意识”，为了有效地说服下属，应该敏锐地把握这种共同意识，以便求同存异，缩短与被劝说者之间的心理差距，进而达到说服的目的。

假如领导与下属在没有掌握全部事实的情况下发生了分歧，作为领导，为了劝服下属，你可以这样给下属铺台阶：“当然，我完全理解你为什么会这样设想，因为你那时不知道那回事。”或者说：“最初，我也是这样想的，但后来当我了解到全部情况后，我就知道自己错了。”为人置梯，可以把被说服者从自我矛盾中解救出来，使他体面地收回先前的立场。这样，下属定会顺着你给出的梯子，走下他固执的高楼，并且还会因为你保全了他的颜面而对你心存感激。

3. 克己忍让，以柔克刚

当别人与自己的意见和看法相左时，切忌用权力去压倒对方。高明的方法应该是克己忍让，以柔克刚，让事实来“表白”自己。一旦你这样做，你的高风亮节必然会激起对方的羞愧之心，对方会打心底里佩服你的度量，在无形中便接受了规劝与说服。这种容忍的风范和“四两拨千斤”的说服技巧常常能赢得他人真诚的拥护与尊敬。

在工作中，需要说服下属的事情几乎随处可见。进行有效说服的一个较好的策略是采取迂回战术，不从正面入手。直接说服容易让对方产生抵抗心理，这时不妨从侧面打开缺口。

管理智囊

讲好大道理重要的一点是要学会剥茧抽丝，逐步引导，层层深入，最后“图穷匕见”，将对方的思想统一和升华到一个新的高度。

学会倾听，发现弦外之音

我国自古以来就是礼仪之邦，言语表达讲究委婉、含蓄，很多时候需要倾听者去发现弦外之音。因此，我们必须学会认真倾听。

相传，远古时期，黄帝带领六位侍从到贝茨山见大傀，中途迷了路，碰到一位放牛的牧童。黄帝上前问道：“孩子，你知道怎么去贝茨山吗？”牧童说：“知道呀！”于是指点路向。黄帝又问：“你知道大傀住在哪里吗？”“知道啊！”他毫不犹豫地回答。黄帝吃了一惊：看他年纪不大，知道的可真不少呀！接着又随口问道：“你知道如何治国平天下吗？”那牧童说：“知道。其实跟我放牛差不多，只要把牛的劣性去除，那样就太平了！治理国家也是同样的道理吧？”黄帝听后非常佩服，直叹后生可畏。他本来以为这孩子什么都不懂，却没想到他竟能从日常生活中悟出治理国家的方法。

身份显赫的黄帝能与一位普通的放牛娃平等对话，并由此得到了治国平天下的启示，这不能不说是沟通在发挥作用。黄帝善于倾听，从问路小事中也能有所收获。回到现实工作中，倾听的重要性不言而喻。

既然沟通如此重要，那么应该如何沟通？人们第一个想到的是“说”，即积极表达，发问反馈，但这样容易忽视倾听别人的想法，错过对方要表达的重点，最终可能会做出错误的决定。因此，倾听也是职场成功人士的必备能力之一。

当今社会，企业管理的科学化、人性化深入人心，双向沟通至关重要。如果团队领导者不懂得有效沟通的要义，还是像过去那样只懂得指挥，不善于倾听下属的合理意见、想法，是注定搞不好团队建设的。

另外，倾听是普通团队成员全面掌握信息、稳妥行事的必要条件。面对客户，如果一味地滔滔不绝，不仅容易引起对方心理上的反感，而且还屏蔽了来自客户的重要想法。与上级、同事沟通时，一味地表达，不愿意倾听，会导致主观臆断，失去客观精准的判断力，不能与别人很好地合作。时间久了，会出现孤家寡人的尴尬局面。

你在跟对方谈话的时候，如果不时地点点头，注视对方的眼睛，这表示你很关注对方所说的话，就会让对方受到感染，感到自己说话有分量，这样他就会更加充分、完整地表达自己的想法。这正是沟通所需要的！如果对方说话的时候，你抱着一副漫不经心的态度，还不时地看看手表，那么说话者即使很想说此时也不愿意说了，这样的沟通毫无意义。所以，最有效的沟通便是倾听，它的根本目的就在于让说话者畅所欲言，而不是欲言又止。

有位父亲曾跟心理专家抱怨说：“我儿子最近也不知道怎么了，他不愿意听我说话。”

专家反问那位父亲：“你认为，到底是你听他说，还是他听你说呢？”

这位父亲想了许久，回答说：“你说的话有道理，应该是我听他说，但我是过来人，我吃的盐比他吃的饭都多，他为什么不愿意听我说的呢？”

何谓良好的沟通？除了善于表达之外，倾听同样重要，因为人们并不是为了说话而说话，说话的主要目的是希望别人倾听自己的想法与意见。因此，学习如何当一位好听众，留心倾听别人说的话，也是沟通艺术的一个重点内容。

可以说，这位父亲没有意识到沟通在很大程度上取决于倾听。他不知道儿子在想什么，也无法了解儿子的想法，因为他只是凭借自己的主观意识揣摩儿子的想法，却没有认真倾听儿子的心声。

那么，我们应该怎样去倾听呢？

首先要用心倾听。大多数人倾听的目的是做出最贴切的反应，根本没有想要去了解对方，而用心倾听的出发点是为了“了解”而不是为了“反应”，也就是通过交流去了解别人的观念、感受。人际沟通仅有一成是用文字来进行的，三成取决于语调及声音，其他六成则是用人类变化丰富的肢体语言来表达的，所以用心倾听必须做到“五通”，即“耳通”、“口通”（声调）、“手通”（用肢体表达）、“眼通”（观察肢体）以及“心通”（用心体会）。

当你真正用心去倾听别人时，自然能够给予对方心理上极大的满足。因为，每个人都渴望被别人重视。

所以，一位有洞察力的倾听者很快便能发现存在的问题，并能让对方敞开心扉、无所顾忌地对自己诉说内心的想法。终有一天，你会发现，在仔细倾听后再采取行动解决问题所投入的时间，要比武断行动所投入的时间少得多。

如果做不到用心倾听，就无法形成良好的沟通。在与团队其他成员进行交流的时候，如果我们只是一味地阐述自己的观点和看法，并且要求他人接受这些观点和意见，就很有可能引起别人的反感，反而增加了彼此之间的沟通障碍。相反，我们在倾听别人的有效意见后，再针对彼此之间的观点差异进行科学、合理的分析，并且通过友好协商的方式与对方讨论解决问题的方法，做到求同存异，那么就很容易在良好的沟通氛围下达成共识，快速提高整个团队的效能。

同时，在倾听他人的意见时，要保持自身的独立性，不要盲目地顺从他人，放弃自己的立场。当自己的观点与别人的观点出现较大差异时，不必采取排斥的态度。要知道，只有集思广益，才能形成更完善的策略，推动团队不断向前发展。

学会倾听，可以有效地帮助我们进行沟通。千万不要只顾自话自说，甚至抢话说，要学会适时地竖起自己的耳朵。只有这样，你才能进行卓有成效的沟通，才能通过沟通来实现协作，高效完成团队的各项工作任务。

总之，倾听是一种非常重要的沟通技巧，是一种无可替代的能力和职业素养。不管你在团队中扮演什么角色，都要做一个豁达的人，要有博大的胸怀，获取最全面的有用信息，进行睿智的判断，提出中肯的建议，分享同伴的情感，从而巩固团队的友谊，促进工作效率的提升。

管理智囊

在仔细倾听后再采取行动解决问题所投入的时间，要比武断行动所投入的时间少得多。

压服不如说服，劝导不如诱导

《三国演义》中有这样一个故事：

张飞脾气暴躁，经常喝醉酒后打骂士兵，士兵们敢怒而不敢言。

关羽败走麦城之后，被东吴所杀。张飞为替兄长报仇，限令军中三天以内置办白旗白甲，挂孝讨伐东吴。负责制造盔甲的两员末将范疆、张达因为期限太急，就向张飞乞求宽限几天，张飞不但不听，竟然把二人打得满口出血，并命令道：“一定要按期完成，若超过期限，就杀了你们示众。”

二人知道根本不可能按期完成，便商议：“与其他杀我们，不如我们杀了他。”于是便趁张飞酒醉卧于帐中之际，持短刀将其刺死，并割了首级投奔东吴去了。

张飞之所以被部下杀死，是与他平时的高压、蛮横分不开的。可见，中层领导下达命令要符合实际情况，指责应该有充分的理由。如果领导用一种以上压下的态度对待下属，即使性格温顺的人也会暴躁起来。所以领导不能借助权力压人，靠本身的威信使人信服才是明智之举。

美国格林利夫的《领导的公仆意识》一书描述了服务型领导必备的10个特点，其中之一就是“说服”而非“压服”。“说服”是指通过语言使人接受自己的观点，而“压服”是通过外力或者权力使人顺从。“说服”让人心服，“压服”让人胆服；“说服”的作用持久稳定，“压服”的作用不稳定；“说服”的代价小，“压服”的代价大。

所谓诱导，就是有次序地、耐心地诱发、引导对方思考，让人真正想通、弄懂。周恩来同志说过：“与人说理，须使人心中点头。”而诱导正能帮你这个忙。因此我们说：“压服不如说服，劝导不如诱导。”

领导者为完成任务，被赋予了一种强制别人的力量，这个力量就是权力。它可以用来指示、指导下属，也可以用来纠正下属的过失。虽然如此，但如果太仰仗权力，采取强硬手段来压制下属，口口声声“我说这么做就这么做”，而且蛮横、不厌其烦地一再向人们显示自己的权力，不但不能使下属信服，还会引起下属的反感。

身为领导者，要想让下属接受自己的主张，就必须让他们认为你对他们是非常友善的，是全心为他们着想的，你不能强迫他们同意你的意见，但却可以用引导的方式，温和而友善地使他们认同。可以说，选择友善往往比选择强硬更有效果，更有力量。

中村是日本德川幕府第三代将军德川家光的大臣，他生性温和，缜思密虑。当时，德川家族中有一位名叫德川秀息的将军，此人手握兵权，非常讨厌别人抽烟，于是，他在军中下了一道命令：凡士兵抽烟者，一律斩首。

有一天晚上，几个负责守卫城门的士兵在站岗时，感觉天气寒冷，又无事可干，想到深更半夜的肯定没人前来巡查，便躲在阴暗处每人点了一根烟。哪知这一天，中村正好闲来无事，出来巡视。当士兵们发现中村时，掐灭烟头已经来不及了，士兵们心想：这下人赃俱获，看来性命难保。一个个惊恐不安，不知所措地站在那里。

中村若无其事地走上前去，先问了一下守卫的情况，然后对他们说："你们刚才抽的烟让我也抽一口，怎么样？"士兵们谁也没想到中村会有这样的要求，疑惑不解地望着中村，但还是乖乖地拿出香烟交给中村。中村接过来，津津有味地抽了几口，便把香烟还给他们。

"没想到烟这么可口，谢谢！"说罢，转身走了。刚走了几步，他又转回来对士兵们说："今天的事，我也有份，希望今后再也不会有这种事情发生。要知道，你们的将军可是最讨厌抽烟的。"自此之后，士兵们抽烟的风气完全消失了。

当下属与自己的意见和看法相左时，作为领导者，切忌用权力去压倒下属。如果那样做，只能出现压而不服的状况。而高明的方法应该是克己忍让，对对方礼让三分。一旦领导这样做，其高风亮节必然会激起下属的羞愧之心。他们会在内心敬佩领导的肚量，在无形中便接受了规劝与说服。这种容忍的风范和"四两拨千斤"的说服技巧常常能赢得下属真诚的拥护与尊敬。

温和友善的言辞在两者之间能架接一道良好沟通的桥梁，这不仅能化解矛盾，缩短两颗敌视之心的距离，也能感染周围所有的人，给大家带来愉快。温和往往与宽容是紧密联系在一起的，它折射出的是一种以德服人的力量。苏联著名教育家苏霍姆林斯基曾经讲过："有时宽容引起的道德震动会比惩罚的作用更加强烈。"

管理智囊

想让下属接受自己的主张，就必须让他们认为你对他们是非常友善的，是全心为他们着想，可以用引导的方式，温和而友善地使他们认同。

恰到好处的赞美，鼓舞士气的有效力量

美国小说家马克·吐温曾说过："一句精彩的赞词可以代替我10天的口粮。"渴望得到赞美是每个人内心中最迫切的需求之一，因此恰到好处地赞美别人，自然会得到别人的回应与赞美。

赞美、表扬下属是一笔不花钱的投资，只需片刻思索找到对方的优点就能得到意想不到的回报。赞美员工同时也是管理者与员工沟通情感、表示理解支持的最好方式，更是一种有效的推动力量，是鼓励员工士气、激励员工进取的有效手段。

有一位企业家给员工讲述了这样一件事情：当他还是一名见习服务员的时候，常常对生活不满意。特别是上班的第一天，他在杂货店里忙活了整整一天，累得筋疲力尽。他的帽子歪向了一边，工作服上沾满了点点污渍，双脚越来越疼。他感到疲倦和泄气，觉得自己什么也干不好。好不容易为一位顾客列完了一张烦琐的账单，但是这位顾客的孩子却三番五次地更换冰激凌的订单，他这时候已经到了忍耐的极点。这时候，孩子的父亲一边给他小费，一边笑着对他说："干得不错，你对我们照顾得真是太周到了！"突然之间，他感到疲倦消失得无影无踪了。后来，当经理问他对头一天的工作感觉如何时，

他回答说："挺好！那句话似乎把一切都改变了。"

对于领导来说，表扬员工也是一门艺术，恰当的表扬，能够调动员工的工作积极性，能够使彼此的关系更加和谐。对领导来说，表扬员工是一笔很小的投资，但是它的回报却是非常丰厚的。领导如果能掌握表扬员工的技巧和艺术，一定能收到意想不到的效果。

1. 随时称赞，语气明确

员工某项工作做得好，领导应及时夸奖，拖延的时间越久，夸奖的效果越可能打折扣。一位专家特别强调，赞美员工须符合"即时"原则：企业经营管理者应尽可能在每天工作结束前，花上短短几分钟写个便条对表现好的员工表示称赞，或者通过走动式管理的方式看看员工，及时鼓励员工等。

2. 赞美要翔实、具体

我们赞美的时候要从某件具体的事情入手，因为具体的赞美会显得更真诚、更可信。

领导者在赞扬下级时，其用语越具体，表扬的有效性就越高，下级会因此而认为你对他很了解，从而促使他发扬自己的优点。

克莱斯勒公司为罗斯福总统制造了一辆特制的汽车，因为他下肢瘫痪，不能使用普通的汽车。工程师钱柏林把汽车送到了白宫，罗斯福总统当着大家的面夸奖道："钱柏林先生，我真感谢你们花费时间和精力研制了这辆车，这是件了不起的事。"罗斯福总统注意并提到了每一个细节，他知道工人为这些细节花费了不少心思。

赞扬对方的时候，往往细微之处显真情，下级感受到你对他优点的切实了解时，你也就获得了他的信任、真诚相待及工作上的积极支持。

3. 赞美要客观公正

在公司和机关单位里，领导对下属的赞扬不仅能表明领导对其工作的肯定和认可，同时也能起到激励下属、树立领导威信的作用。领导只有客观公正地赞美下属才能使大家心服口服，并有助于保持上下级之间、同事之间的和谐关系。

4. 称赞要对事不对人

这种称赞，可以增强对方的成就感。例如："你今天在会议上提出的维护宾馆声誉的意见很有见地。"这种称赞比较客观，容易被对方接受，同时也使对方感到领导对他的称赞是真诚的。

在现代社会，要想让员工尽心竭力地为公司服务，金钱奖励是一种办法，但要真正收服人心，善于表扬常会收到意想不到的效果。赞美员工，不仅要符合赞美的基本要求，而且需要领导掌握具体的赞美方法和艺术。只有赞美方法运用得当，才会起到事半功倍的效果。

管理智囊

赞美是管理者与员工沟通情感、表示理解支持的最好方式，更是一种有效的推动力量，是鼓励员工士气、激励员工进取的有效手段。

面对员工的抱怨，宜疏不宜堵

沟通是心灵的对话，是情感的交流。有效的沟通是管理成功的关键，这早已不是秘密。

在管理过程中，每一个领导者都难免会面临下属抱怨满腹的状况。每个下属的利益需求不同，看问题的角度也不同。就算领导者做出的正确决策是为下属着想，也还是会招来非议，引来很多抱怨。好心得不到好报，有时会让领导者很窝火。面对这些非议和抱怨，如果领导者能与下属坦诚相见、沟通得好，就能形成战无不胜的凝聚力、战斗力和创造力。

在芝加哥，有一家制造电话交换机的工厂，厂里的各种生活和娱乐设施都很完备，社会保险、养老金等各方面也都做得相当不错。但是令厂长感到困惑的是，工人们的生产积极性却并不高，产品销售也是成绩平平。

为了找出原因，厂长向哈佛大学心理学系发出了求助申请。哈佛大学心理学系随即派出一个专家组进厂开展了一个“谈话试验”，就是专家们找工人个别谈话，规定在谈话过程中，专家要耐心倾听工人们对厂方的各种意见和不满，并做详细记录，而且专家对工人的抱怨不能反驳和训斥。这一试验持续了两年时间。在这期间，研究人员前前后后与工人谈话达到了两万余人次。

结果两年下来，工厂的产量大幅度提高了。经过研究，专家们给出了原因：长期以来，工人对这家工厂的各个方面有诸多不满，但是却无处发泄。“谈话试验”使他们的这些不满都发泄出来，从而感到心情舒畅，工作干劲高涨。

这就是管理学中著名的“霍桑效应”：让员工发泄自己的情绪，虽然抱怨的内容不一定是正确的，但认真对待抱怨却总是正确的。抱怨是改变不合理现状的催化剂。由此可见，领导者对待抱怨的原则是：宜疏不宜堵。堵则气滞，抱怨升级；疏则气顺，心平气和，情绪高涨，下属的工作积极性和主动性自然提高，精神面貌焕然一新。领导者需要思考的不是杜绝抱怨或者压制抱怨，而是如何让抱怨更适当地发泄出来，达到化抱怨为工作动力的目的。

领导者在管理上的成功，不是做得让下属没有一句抱怨，也不是利用权力强行禁止下属抱怨，而是能正确对待下属的抱怨，善于化解抱怨。在日本松下电器公司，所有分厂里都设有吸烟室，里面摆着一个松下幸之助本人的人体模型，工人可以在这里用专门准备的鞭子随意抽打“他”，以发泄自己心中的不满。这为下属的抱怨提供了出口，使平时积郁的不满情绪都能得到宣泄，从而大大缓解了他们的工作压力，提高了工作效率。

在美国的一些企业中，也有一种叫作“发泄日”的制度，即每个月专门划出一天供员工发泄不满。在这天，员工可以对公司同事和上级直抒胸臆，开玩笑、顶撞都是被允许的，领导者不许就此迁怒于人。

员工宣泄不满，有所抱怨是正常现象，但是领导者也不能任由员工发泄而不予理睬，不想办法化解。面对员工的抱怨，领导者应该学好下面这几招。

（1）不能忽视。领导者面对下属的抱怨不能充耳不闻、视而不见，须知等到小抱怨变成大仇恨就会后悔莫及！

（2）严肃对待。有句话说得好：“千里之堤，溃于蚁穴。”任由抱怨泛滥而不加理睬，就会毁了企业的基业，因此领导者要怀着如履薄冰的心情来认真对待。

（3）认真倾听。领导者应该认真地倾听下属的抱怨，并从中找到抱怨产生的真正原因。

（4）承认错误。领导者主动承认自己的失误并道歉，这是让抱怨最快消失的办法。

（5）不能发火。抱怨的下属本来就一肚子的火，领导者如果再发火只能激化矛盾。

（6）掌握事实。领导者只有把事实了解清楚了，才可能制定出正确的对策。

（7）别兜圈子。领导者正面答复下属的抱怨时，要具体而明确，要触及问题的核心。

（8）解释原因。如果下属的抱怨只是误会，那么只要耐心地摆事实、讲道理，下属就会理解的。

（9）不偏不倚。涉及下属之间的矛盾，公平处理最重要。

（10）表示感谢。下属抱怨说明他对工作负责、对团队关心，如此不该感谢吗?

（11）敞开大门。领导者应该对下属永远敞开沟通的大门，要让他们随时能找到你。

如何对待下属的抱怨，考验着领导者的胸襟度量与管理水平。在有水平的领导者眼中，下属的抱怨是再正常不过的事情，甚至还是一件好事情，因为在他们看来，抱怨在一定程度上反映了员工们对公司各方面的看法，也是一种非正规的反馈渠道。他们可以根据员工们的抱怨反观自己的工作，并相应地做出调整。而且从另一个角度讲，抱怨有时也会变成动力，因为首先要不满于现状，然后才能谈得上对现状的改变。其实，员工的抱怨就好比是化解冲突的“安全活塞”。我们都知道，在压力容器上，比如高压锅上就一定会有个安全活塞，一旦压力高于承受力时，活塞就会自动排气，以防高压锅爆炸。下属的抱怨与此类似，能让不满情绪排泄掉，这就有利于避免上下级之间矛盾激化的现象出现。

管理智囊

领导者在管理上的成功，不是做得让下属没有一句抱怨，也不是利用权力强行禁止下属抱怨，而是能正确对待下属的抱怨，善于化解抱怨。

勇于解剖自己，实现坦诚沟通

京都陶瓷公司总裁稻盛和夫是个非常有意思的企业家。他能把自己的施政纲领向员工们慷慨陈词，也敢于大胆披露自己往昔的"隐私"和"丑闻"。

他都有哪些隐私和丑闻呢？这可不是别人刻意揭短，全都是他自己说的，例如：

"小学求知时期，在上学途中曾顽皮地用小木棍挑撩女同学的裙子。"

大家瞪大了眼睛，尤其是女职员。

"战后混乱时期，曾心惊胆战地从木材商店偷窃过木材。"

"大学深造时期，为了看体育比赛，乘车超过规定区间而被没收月票。"

这回，大家好像可以理解了，企业里许多人都这么干过。

"经商创业初期，因为偷税逃税而被税务局批评警告。"

偷税的事可以说，被罚月票的事也可以说……那偷木头和用小木棍挑撩女同学的裙子的事怎么能说呀！稻盛和夫是不是很傻？其实，这正是稻盛和夫的高明之处，正是这种勇于解剖自己的胆识，才使得员工们产生了“总经理也不是个完人，与我们一样会经常犯错误”的亲近感。这种感觉潜移默化地增进了上下级的心理融合度。也正是在这种劳资关系的催化下，京都陶瓷公司才能出现上下同心同德，并肩携手创大业的勃勃态势，一动而全动，一呼而百应，一步一步地走向繁荣。那么，管理者如何才能做到坦诚地沟通呢？

（1）赢得下属的信任。管理者要诚恳地听取对方的反馈信息，尤其要实心实意听取不同意见，建立沟通双方的信任和感情。下级对领导者是否信任，信任程度如何，对于改善沟通有很重要的作用。如果没有信任，完全真实的信息可能变成不可接受的，而不真实的信息倒可能变成可接受的。

（2）正确表达自己的意见。要实现坦诚地沟通，领导者还得会说，会表达自己的意见。在表达意见时，要诚恳谦虚。讲话时要力求简明扼要，用简单明了的词句表明自己的意思。

实现有效沟通，需要主管心怀坦诚，言而可信，向下属传递真实、可靠的信息，并以自己的实际行动维护信息的说服力。坦诚代表着管理者对沟通的态度，这对沟通的效果影响很大，任何时候，沟通都是双方面的，是心与心的撞击，是相互的包容与接纳。

管理智囊

勇于解剖自己的胆识，会使员工们产生“总经理也不是个完人，与我们一样会经常犯错误”的亲近感，这种感觉潜移默化地增进了上下级的心理融合度。

打人不打脸，骂人不揭短

每个人的内心深处都有一个上了锁的角落，钥匙只有自己有，在这个角落里，存放的是那些不想被人知道和提及的事情，比如自己的某种缺陷，这也是每个人心里不易祛除的伤疤。一旦这个伤疤被触碰，就会造成不可避免的尴尬，甚至会引发别人的怒气，而因此伤及感情，最终形同陌路。在日常交际和工作中，我们应避开这个禁区，不去触碰这些“秘密”，以防祸从口出；更不能故意去揭他人之短，甚至使用嘲笑和侮辱性的语言。

朱元璋登基做皇帝后，他儿时一块长大的挚友前来投奔。没想到刚见到朱元璋，这位老兄就当着文武百官的面嚷嚷起来：“哎呀，朱老四，没想到你竟然当了皇帝，真是太让人意外了！不知道你还能不能认出我？咱们两个当年可是一块儿光屁股长大的呀。你这小子当初真够坏的，干了什么坏事总是让我替你挨打。”

朱元璋开始面露不悦之色，但是并没有制止这位老兄。

没想到这位老兄还在那儿喋喋不休：“还记得那一次咱们两个一起偷豆子吃吗？偷了豆子后，咱们背着大人用破瓦罐煮，还没有煮熟，你小子就先抢着吃，把瓦罐都打烂了，撒得满地都是豆子。还因为吃得太快豆子都卡在嗓子里了，多亏我帮你弄出来。难道你已经不记得这件事了？”

宝座上的朱元璋再也坐不住了，心想：这人太没眼色了，竟然当着文武百官的面揭我的短，我这个皇帝的威严都被他败坏了，今后脸还往哪儿放啊？于是，朱元璋下令杀了这位老兄。

古语说："一言而兴邦，一言而丧邦。"这位老兄，当着文武百官的面，说出了朱元璋的"短"，本想用旧事套近乎，却不想，因为犯了当众揭短的忌讳，反丢了性命。所以，在交际的过程中，我们必须时刻提高警惕，严防自己当众揭开他人的伤疤，犯了对方的忌讳。工作中也是如此，尤其在员工犯了错误，对其指正和批评的时候，切忌就事论事，不可揭短。

小军考上了一所著名高校，饭桌上，大家正在就餐。此时，一位亲戚口无遮拦地说："没想到这小子能考上这么有名的大学，当初在我家还尿床呢！"饭桌上的人一阵哄笑，小军却羞红了脸，内心十分沮丧，默不作声地回到了房间。从此，他再也不愿意主动和那位当众揭他短的亲戚来往。

人际交往中的许多冲突，都是说话办事没有顾及他人的面子，随心所欲地想说什么说什么而触及了他人的痛处和短处引起的。为什么每个人都这么忌讳被人揭短呢？

其实，并不是这件事情本身有多可怕，是因为事情背后，有着当事人不能被时间抚平或抹去的痛苦、愤怒等感受，当再次被提及，过往的种种像电影似的在脑海里一次次地过，仿佛又亲身经历了一般，必然会引发他们同样的情绪。

一位 40 多岁的公司职员平时辛辛苦苦地工作，却遭到了领导的否定。于是，他向朋友抱怨说："我几乎将所有心血都放在工作上了，听到有人贬低我的能力，我心里真不是滋味，也十分恼火，觉得那是对我的攻击，所以我会全力为自己辩护。”

上面的小故事中，领导其实否定的是下属所做的这件工作，但下属的理解却产生了误差，认为领导否定的是他这个人本身。由此可见，说及他人避讳的东西，势必会引发负面情绪。这也是为什么揭人短会引发矛盾和误会，人们在不理智的情绪下，势必会维护自己，攻击他人。

可以说，几乎每一个人，都希望被别人认同。也许他人指出的短处的确是现实的自我，可是现实的自我和理想的自我往往存在很大的差距，假如个体没有意识到这种差距的存在，就会主观地认为他人不认可自己，如此一来，被他人认同的需要将无法得到满足，自然会出现紧张心理。因为，从另一个角度来说，害怕被人揭短，其实是害怕自己不被人认同。

在中国，“面子”是非常重要的东西，每个人都很看重它，一旦丢了面子，轻则会翻脸，重则会闹出人命。假如你不顾下属的面子，当众揭人的短，总有一天会吃苦头，因为下属势必会因为自己的自尊受到了伤害而耿耿于怀，而这又势必会影响下属的工作积极性和忠心程度。

管理智囊

说及他人避讳的东西，势必会引发负面情绪。这也是为什么揭人短会引发矛盾和误会，人们在不理智的情绪下，势必会维护自己，攻击他人。